ABDEL-HAKIM OURGHI

REFORM DES ISLAM

40 THESEN

claudius

Die zitierten Koranverse wurden übersetzt von Rudi Paret (Der Koran. Übersetzung, Stuttgart [11]2010), Hartmut Bobzin (Der Koran. Aus dem Arabischen neu übertragen, München 2010) sowie vom Autor selbst.

www.claudius.de

Umschlaggestaltung: Weiss Werkstatt München
Layout: Mario Moths, Marl
Gesetzt aus der Times New Roman und Trade Gothic
Autorenfoto: © privat
Druck: Ebner & Spiegel GmbH, Ulm
ISBN 978-3-532-62802-7

INHALT

I. EINFÜHRUNG

Je mehr mich die Leute bedrohen,
umso größer meine Zuversicht.
Martin Luther

Religiosität wird heute im Westen der Privatsphäre des Einzelnen zugerechnet, trotzdem erleben wir spätestens seit dem 11. September 2001 eine verstärkte Rückkehr der Religion in den öffentlichen Diskurs. Gleichzeitig nimmt das Interesse an der öffentlichen Bedeutung von Religion in allen Schichten der Gesellschaft immer mehr zu.[1] Möglicherweise hat auch die alltägliche mediale Präsenz des Islam in den letzten Jahren dazu geführt, dass die gesellschaftliche Bedeutung von Religion zu überdenken ist.[2]

Der Präsident des Päpstlichen Rates für den Interreligiösen Dialog, Kurienkardinal Jean-Louis Tauran, dankte den Muslimen jedenfalls kürzlich dafür, dass sie die Religion zurück in die öffentliche Sphäre Europas gebracht hätten.[3] Von einzelnen christlichen Würdenträgern habe ich selbst gehört, dass sie mit Neid auf volle Moscheen beim Freitagsgebet blicken, während ihre eigenen Gotteshäuser weitgehend leer bleiben. Da schleicht sich bei mir manchmal der Verdacht ein, dass man sich von der Zusammenarbeit mit den konservativen Dachverbänden des Islam eine Wiederbelebung des Glaubens an sich erhofft. Als ob Gott in Europa ohne den Islam verloren wäre! Zieht man jedenfalls den Islam in Betracht, lebt Gott heute mehr denn je in Europa. Religion ist ein sinnstiftendes Teilsystem in den westlichen Gesellschaften und der Islam trägt zu ihrem multikulturellen Reichtum bei. Doch die dialogische Begegnung der Religionen und Weltanschauungen bleibt von radikalen Glaubensinhalten und -praktiken im Islam überschattet, die nicht selten auch zur Legitimation von Gewalt dienen und die ganze Welt damit in Angst und Schrecken versetzen.

Anhand der negativen Schlagzeilen über den Islam in der westlichen und islamischen Welt kann man davon ausgehen, dass der Islam sich in einer Sinnkrise befindet und die Muslime mitten in einer Zerreißprobe stecken. Die Moderne hat den Menschen von Grund auf verändert, die Glaubensvorstellungen und -praktiken des Islam allerdings sind weitgehend dieselben geblieben. Seit Jahrhunderten wird der Islam von einer konservativen Theologie beherrscht, was immer wieder in Gewalttaten mündet. Deshalb muss der Islam unbedingt reformiert werden. Wir können nicht anders als dem vorherrschenden Diskurs des Islam zu widersprechen und ihn kritisch infrage zu stellen. Dieser überfälligen Reform wird der konservative Islam sich nur mit Gewalt widersetzen können. Aufhalten können wird er sie jedoch nicht, denn der neue Kontext des Islam ist der Westen, der durch Meinungsfreiheit geprägt ist.

Die Reform des Islam richtet sich gegen die Macht des politischen Islam und der konservativen Gelehrten, deren veraltete Sichtweisen nicht mehr der Lebenswelt der Muslime im westlichen Kontext entsprechen. Solch ein konservativer Islam will einen Getto-Glauben in den muslimischen Gemeinden durch die eigene Abschottung und Abkapselung von der Mehrheitsgesellschaft im Westen konservieren. Die Reform des Islam predigt dagegen das Sichöffnen der Muslime gegenüber Angehörigen anderer Religionen sowie gegenüber andersdenkenden Menschen im Allgemeinen.

Die Islamreform, hier in Gestalt von 40 Thesen skizziert, ist eine öffentliche Anklage des seit Jahrhunderten herrschenden konservativen Islam, der das Privileg der absoluten Kontrolle von Körper und Geist aller Muslime unter keinen Umständen abgeben möchte. Sie ist eine bewusste Rebellion der Vernunft gegen den verstockten konservativen Islam, der die blinde Rückkehr zum Islam der Entstehungszeit des 7. Jahrhunderts propagiert. Sie ist der Aufstand gegen veraltete Islamdiskurse vergangener Epochen, die bis heute das kollektive Bewusstsein der Muslime in der ganzen Welt prägen. Der moderne humanistische Islam will nicht mehr und nicht weniger als den Islam von seinen verkrusteten Denkschichten befreien, seinen wahren Kern freilegen und ihn gemäß seiner heutigen Situation neu interpretieren.

Man würde die Bedeutung der Islamreform verkennen, würde man diese als konfessionelle Abspaltung im Sinne eines Schismas unter den Muslimen verstehen. Der humanistische Islam will vielmehr auf der Grundlage der Vernunft die Vielfalt in der Einheit deutlich machen, indem er historische Verfremdungen und Verklärungen in archaischen Diskursen aufdeckt. Im Rahmen eines Aufklärungsprogramms und mithilfe einer differenzierten und sachlichen Islamkritik will die Islamreform außerdem bewusst den Religions- und Sozialvertrag zwischen der politischen Macht, wie sie etwa durch die selbsternannten Vertreter der Muslime im Westen repräsentiert wird, und den konservativen Gelehrten, beispielsweise in Gestalt sogenannter Import-Imame, aufkündigen.

Das vorliegende Buch ist von einer leidenschaftlichen Sehnsucht nach Freiheit angetrieben und setzt den Akzent auf das Individuum als Souverän seines Selbst und seiner Existenz. Ohne Angst vor den Vertretern des konservativen Islam oder vor dem Vorwurf der Islamophobie möchte ich als liberaler Muslim Tacheles reden. Hier stehe ich, ich kann nicht anders. Ich will nicht nur widersprechen, sondern auch den Finger in die Wunde des jahrhundertelangen kollektiven Verdrängens der Muslime legen. Als Mensch kann ich auch frei sein, deshalb nehme ich mir die Freiheit, die vorherrschenden Vorstellungen über den Islam, welche derzeit die Kollektive der Muslime prägen, infrage zu stellen. Ich möchte nichts anderes als neu über Gott, den Koran, die Tradition des Propheten und die Ideengeschichte des Islam nachdenken. Deshalb scheue ich nicht davor zurück, den Koran als religiösen Text, den Propheten Muḥammad (750–632) als historische Figur und die Tradition des Propheten als historische Aussagen und Praxis zu kritisieren.

Stillstand in einer Religion – und das gilt auch für den Islam – bedeutet Rückschritt und Stagnation. Er paralysiert den freien Geist. Stillstand führt auch dazu, dass eine Religion den Anschluss an die Menschen und an deren jeweilige Situation verliert. Solch eine Religion

> „etabliert sich von vornherein als abschließend und beraubt den menschlichen Geist des Sinns für die Suche, die Nachforschung, die Verblüffung, das Abenteuer. [...] Auf ein solches Skelett reduziert, wirkt der Islam, religiös und politisch, wie eine entleerte, unfruchtbare Perspektive, die nichts vom Fleisch der Fragen wissen will, die einen belagernden und aggressiven Monologismus begründet, taub für jeden Dialog und abgeschnitten von den Voraus-

setzungen, die eine Verbindung zwischen Personen und Völkern, Subjekten und Nationen eröffnen."[4]

Der Islam hat auch eine unheimliche Seite, die in seiner Umgebung Unbehagen auslöst. Diese dunkle Seite ist immer dort erkennbar, wo die Religion von der Politik nicht zu trennen ist, wie etwa im gewalttätigen Fanatismus der Islamisten. Sie wird beispielsweise dort deutlich, wo die Kompetenzen des Throns nicht von der Kanzel in der Moschee zu unterscheiden sind oder wo Frauen im Namen einer religiösen männlichen Dominanz unterdrückt werden. Genau wie jede andere Religion kann der Islam auch gefährlich werden, wenn nicht klar zwischen dem Weltlichen und dem Geistlichen unterschieden wird und politische mit religiösen Interessen vermischt werden. Die Reform des Islam ist eine „Gegenpredigt"[5] gegen die Predigten des konservativen Islam und seine politischen Herrschaftsansprüche.

Ist der Koran reformierbar? Wenn ja, wie soll seine Aufklärung aussehen? Man ist sich darüber einig, dass der Koran die wichtigste normative Quelle für alle religiösen, moralischen und rechtlichen Vorschriften im Islam ist. Als Heiliges Buch wird er verehrt, gefürchtet, missbraucht oder sogar gehasst. Er besteht aus Versen, deren Aussage klar und verständlich ist, er enthält aber auch mehrdeutige Verse (z.B. Koran 3:7). Er gilt mit den „Geheimnisvollen Buchstaben" (z.B. Koran 2:1, 7:1 und 10:1) am Anfang von 29 Suren als wohl widersprüchlichstes Buch. Als literarisches Werk bietet er eine Fülle von Poesie und Prosa. Seine Sprache ist die Sprache des Friedens und die Sprache der Gewalt. Er ist mal tolerant, mal herzlos und erbarmungslos. Der in ihm beschriebene Gott ist mal zornig und hart strafend, dann wieder barmherzig und ein Freund seiner

Verehrer. Die Auslegung bestimmter Suren kann über Frieden und Krieg, Leben und Tod entscheiden.

Für Muslime aller Couleur stellt der Koran das kollektive Gedächtnis und das Herz des Islam dar. Er verschafft sich historische, kontinuierliche Bedeutsamkeit durch seine multimediale Präsenz im Alltag der Muslime.[6] Vielmehr noch gilt er als religiöse Erinnerungsbrücke zwischen seiner historischen Entstehungssituation im 7. Jahrhundert, seiner Rezeption in den folgenden Jahrhunderten und der jetzigen Zeit. Der Koran wird von den Muslimen als das Wort Gottes gesehen, das Maß aller Dinge, an dessen Vorschriften sie sich orientieren und das in ihrem alltäglichen Handeln den wichtigsten Platz einnimmt. Gemäß dem muslimischen Korandiskurs ist der Koran Gottes authentisches, unverfälschtes und letztgültiges Wort. Wer auch nur ein wenig am Wortlaut rüttelt, einen Teil von ihm ablehnt oder ihn gar als Menschenwerk betrachtet, gilt schnell als Häretiker und Apostat. Für Nichtmuslime, die aus unterschiedlichen Gründen Interesse an dem Heiligen Buch des Islam zeigen und es zu lesen versuchen, bleibt der Koran hingegen oft ein befremdliches Buch, bestenfalls ein schwer zugängliches literarisches Kunstwerk. Nicht zuletzt tragen die im deutschsprachigen Raum verbreiteten Koranübersetzungen unter den nichtmuslimischen Lesern zur Irritation bei. Hans Zirker, einer der bekanntesten Koranübersetzer, hat beispielsweise darauf hingewiesen, dass die kommunikative Sprachgestalt des arabischen Originaltextes in den deutschen Koranübersetzungen nicht in Betracht gezogen wird.[7]

Es entbehrt nicht einer ironischen Note, dass jeder Muslim zwar ein Koranexemplar besitzt, aber bis auf eine Minderheit kaum jemand mehr darin zu lesen weiß – ganz zu schweigen von denjenigen, die Arabisch nicht als Muttersprache sprechen.

Es reicht nicht, dass die Mehrheit der Muslime einige Koransuren auswendig beherrscht, mit denen die gottesdienstlichen Handlungen verrichtet werden. Es muss eine ernsthafte innerislamische Debatte über den Umgang mit umstrittenen Suren im Koran, wie etwa mit den Schwertversen oder den Versen über die Unterdrückung der Frau, geben. Eine unabdingbare Voraussetzung für diese Auseinandersetzung der Muslime mit dem Koran beginnt mit der Veröffentlichung einer neuen Koranedition, die dessen Entstehungssituation im 7. Jahrhundert widerspiegelt.

Jeder Muslim ist in der Lage, durch intensive Auseinandersetzung mit dem Koran diesen gemäß seiner aktuellen Situation zu interpretieren und zu verstehen. Vom Deutungsmonopol der Gelehrten muss endlich Abschied genommen werden. Jeder Muslim muss sich selbst über seine Beziehung zu Gott und zu seinen Mitmenschen Gedanken machen. Anders ausgedrückt: Jeder Muslim muss selber denken, ohne fremde Anleitung, und sich von den kollektiven Zwängen befreien, die ihm seit Jahrhunderten auferlegt sind.

Tatsächlich ist der Islam ein wichtiger integraler Bestandteil des Alltags aller Muslime unterschiedlicher Konfession. Gott ist immer präsent im alltäglichen Handeln der Muslime, besonders das Bild von Gott als einem Strafenden. Die Reform des Islam will die Muslime auch von diesem Bild des tyrannischen Gottes und von der Angst vor der Hölle im Jenseits befreien. Sie können auf seine liebevolle Verzeihung hoffen, denn Gottes Barmherzigkeit im Diesseits und Jenseits ist grenzenlos und allumfassend (vgl. Koran 7:156 und 40:7). Seit Jahrhunderten diktieren die männlichen Theologen und Rechtsgelehrten des konservativen Islam den Muslimen und Musliminnen, wie sie ihr Leben zu führen haben, und drohen ihnen mit dem ewigen

Höllenfeuer, wenn sie sich nicht an die Gebote und Verbote der koranischen Weisung halten. Doch jede Muslimin und jeder Muslim kann selbst den Koran lesen, verstehen und deuten, um zu Gott zu finden. Es gibt im Islam keine vermittelnde Instanz zwischen Gott und dem Menschen und eine solche ist auch nicht nötig. Auch Frauen können die Grundlagen des Islam im Rahmen ihrer eigenen Selbstbestimmung deuten und damit zum Ende der männlichen Dominanz in ihrer Religion beitragen. Deshalb braucht der Islam dringend Imaminnen.

Ist der Islam dabei, sich abzuschaffen? In seiner jetzigen, konservativen Form, die nicht mehr zeitgemäß ist, bekämpft er sich selbst. Denn der nicht reformierbare Islam in seiner politischen Ausprägung steht der universalen Ethik des mekkanischen Koran diametral gegenüber. Die islamische Welt benötigt nicht nur dringend eine sexuelle Revolution, die Frauen und Männer als gleichberechtigt anerkennt, sondern auch eine Islam- und Selbstkritik auf der Grundlage der Vernunft, die den Weg für die Etablierung eines modernen und humanistischen Islam ebnet. Denn: Auf einen kritikunfähigen, unaufgeklärten und frauendiskriminierenden Islam kann die Aussage „Der Islam gehört zum Westen“ niemals zutreffen.

II. DER PATHOLOGISCHE ZUSTAND DER ISLAMISCHEN IDENTITÄT

Liebe Muslime, versuchen wir gemeinsam die Augen für einen Augenblick zu schließen. Und nun stellen wir uns unseren islamischen Alltag einmal so vor: keine Autos, keine Züge, keine Flugzeuge, kein Internet, keine Handys, kein Telefon, kein PC, keine Elektrizität. Wir sind uns einig: Ein solcher Alltag wäre ziemlich trist. Nun machen wir gemeinsam die Augen wieder auf und stellen uns die Frage, was unser Beitrag im Laufe der Menschheitsgeschichte bei all diesen Innovationen war. Ohne etwas zu beschönigen, würde die Antwort lauten: Nichts! Gleichzeitig sind wir uns wahrscheinlich einig in dem Befund, dass sich der Islam und wir Muslime uns zurzeit in einer Sinnkrise befinden. Man denke nur an den Dschihad, den Terror und den Fanatismus des politischen und konservativen Islam, der die Gottesherrschaft auf der Erde mit Gewalt durchsetzen will – koste es, was es wolle.

Der Islam hat mit diesen Gräueltaten nichts zu tun – so lautet der Konsens der meisten Muslime in der Welt. Die Täter seien keine Muslime, sie hätten die Lehren der kanonischen Quellen des Islam nicht verstanden oder nicht richtig in die Tat umgesetzt. Die Ideologie der Islamisten habe nichts mit dem Islam zu tun, denn der Islam sei die Religion des Friedens. Viele

Vertreter solcher Thesen vergessen, dass die Islamisten nicht in Synagogen, Kirchen oder buddhistischen Tempeln beten, sondern in Moscheen. Ihre Gebetsrichtung ist nicht Jerusalem oder Rom, sondern Mekka, die Heilige Stadt aller Muslime.

Selbstverständlich hat das Weltbild der Islamisten mit dem Islam zu tun, ob diese nun gewalttätig sind oder nicht, sonst hätte sich der islamistische Islam niemals so rasch und erfolgreich in der Welt ausbreiten können. Die erwähnte Apologie scheint vielfach wohlmeinend, ist allerdings unaufrichtig. Sie gibt die Naivität und die Bequemlichkeit ihrer Vertreter preis. Es handelt sich dabei um frommes Wunschdenken, das der Realität jedoch nicht entspricht.

Fest steht, dass nicht alle Muslime Terroristen sind. Fest steht jedoch auch, dass die Terroristen Muslime sind – solche, die sich sogar für die besseren Muslime halten und für sich beanspruchen, nach dem Koran und der Tradition des Propheten zu leben. Schließlich dienen den heutigen Islamisten in der ganzen Welt als Handlungsanleitung der in Medina offenbarte Koran (622–632)[8] und das politische Handeln des Propheten selbst als Staatsmann – somit also die kanonischen Quellen der islamischen Rechts- und Religionslehre. Darüber hinaus wird der islamistische Terror durch eine gewalttätige, theologisch begründete Ideologie untermauert, die als eine Rezeption der Ideengeschichte islamischer Gewalt gelten muss.[9] Wohl gibt es auch soziale, wirtschaftliche, politische und psychologische Gründe für die heutige Gewalt im Islam. Jedoch spielen die theologischen Grundlagen eine nicht zu unterschätzende Rolle bei der Legitimation dieser Gewalt oder etwa bei der Unterdrückung von Frauen. Auch wenn diese dunkle Seite in den Quellen des Islam von der Mehrheit der in Europa lebenden Muslime verschwiegen wird, so lässt sich gleichwohl nicht leugnen, dass sich der Islam in einem pathologischen Zustand befindet. Wo anderes behauptet wird, dort wird diese Tatsache bewusst verdrängt.

Nach der napoleonischen Invasion in Ägypten (1798–1801), die als Wendepunkt im kollektiven Bewusstsein der Muslime haften blieb, spürten einige Gelehrte die Notwendigkeit, den Islam zu erneuern. Die koloniale Invasion war ihnen ein Zeichen dafür, dass sich nicht nur die islamische Welt und ihre Gesellschaften, sondern auch der Islam selbst in Stagnation befanden, während gleichzeitig Europas Stärke und Macht immer weiter zunahmen. Diese historische Begegnung der islamischen Kultur mit der westlichen Zivilisation führte zu einer kulturellen Identitätskrise. Der Islamwissenschaftler Reinhard Schultze meint, dass ganze Jahrhunderte arabischer und islamischer Geschichte auf einmal „funktionslos und inhaltsleer" schienen.[10] Im Jahr 1930 schrieb der syrisch-libanesische Autor Schakib Arslan ein Buch mit dem Titel *Warum sind die Muslime zurückgeblieben, und warum kamen andere voran?* Diese herausfordernde Frage stellt sich heute mehr denn je. Sie hat nichts von ihrer Aktualität verloren, denn auch heute erleben Muslime eine ähnlich geartete Sinnkrise.

Im Jahre 2002 bescheinigte der Autor Abdelwahab Meddeb dem Islam in seinem Buch *La maladie de l'Islam* (Die Krankheit des Islam) einen pathologischen Zustand.[11] Diese, vom Islam selbst hervorgebrachte Krankheit bedarf mehr denn je eines innerislamischen Therapieprozesses auf der Basis eines Aufklärungsprogramms. Noch pointierter formuliert Meddeb seine These, dass es sich bei der Krankheit, von welcher der Islam befallen ist, um eine hausgemachte handelt, in einem anderen Buch:

„Nicht der Islam ist eine Krankheit, sondern er bringt Krankheit hervor. Diese These des Essays trifft den Nagel auf den Kopf: Der Islamismus ist eine vom Islam hervorgebrachte Krankheit.“[12]

Meddebs Aussagen mögen zunächst drastisch und übertrieben erscheinen, doch indem er den Islamismus als ein religiöses Produkt des medinensischen Koran und der Tradition des Propheten benennt, spricht er lediglich schonungslos die Wahrheit aus.

Bei der oft beschworenen frühislamischen Glanzzeit, aus der viele Muslime ein Überlegenheitsgefühl anderen gegenüber schöpfen, handelt es sich um pure Nostalgie – ein leeres Konstrukt, welches der heutigen Realität des Islam schlicht nicht entspricht. Das Weltbild dieser Muslime ist durch Herrschsucht, Zerstörungslust, Radikalität und Gewalt gekennzeichnet. Man kann sogar vom „radikalen Bösen“ im Sinne Kants sprechen,[13] wenn man die Chronologie der Gewalt betrachtet, welche sich nicht nur durch die ganze Frühgeschichte des Islam, sondern bis hin zum heutigen Tag zieht.

Horrormeldungen über islamistischen Terror gehören heute weltweit zum Alltag der Menschen. Auch wenn diese Wahrheit uns unangenehm sein mag: Es vergeht inzwischen kaum ein Tag, an dem nicht exzessive Gewalttaten von muslimischen Tätern im Namen ihres Glaubens begangen werden. Die Massivität des islamistischen Terrors scheint sich seit dem 11. September verselbständigt zu haben. Die Opfer sind zwar in der Mehrheit Muslime, es trifft aber auch Angehörige anderer Glaubensgemeinschaften. Schauplatz des islamistischen Terrors sind nicht nur Länder in der islamischen Welt, sondern längst auch westliche Metropolen, in die der Tod zumeist von dort aufgewachsenen Muslimen getragen wird. Die Botschaft der radikalen Islamisten lautet stets: „Ihr seid unsere Feinde, solange ihr so seid, wie ihr seid."

Mit dem islamistischen Terror hat eine neue Ära der Gewalt im Westen begonnen, ein Protest gegen die westliche Rationalität, Freiheit und Individualität, die als Entfremdung vom rechten Weg empfunden werden. Der Islamismus hat den Westen zu seinem Feind erklärt, und zwar vor allem unter Berufung auf die Lebensweise der Menschen im Westen. Die Islamisten wollen die „satanischen" Andersdenkenden oder Andersgläubigen auslöschen und die Erde unter der Flagge des Islam vereinen. Wer sich dieser Mission anschließt, wird zu den Geretteten gehören, wer nicht – auch wenn er Muslim ist –, ist zu bekämpfen. Alles, was sich nicht der Herrschaft Gottes im Namen des Islam unterordnet, gilt den Islamisten als verdorben und amoralisch, als Teil einer „Zeit der Unwissenheit" (*ǧāhiliyya*), Koran 5:50). Dieser Terminus wiederholt sich viermal im medinensischen Korantext (Koran 3:154, 5:50, 33:33 und 48:26) und bezeichnet die Zeit vor der Verkündung des Islam im 7. Jahrhundert, die allgemein als ein „dunkles Zeitalter" dargestellt wird und damit als Negativfolie, vor der sich der Islam mit seiner *mission civilisatrice* strahlend abhebt.

Selbstverständlich sind die Islamisten nur eine kleine Minderheit unter den Muslimen. Auf individueller und kollektiver Ebene beteuern Muslime mit Nachdruck, dass der Islam instrumentalisiert und zu Ideologiezwecken missbraucht wird. Solche Distanzierungen sind allerdings nichts weiter als Lippenbekenntnisse. Die gleichen Koranverse, die sogenannten Schwertverse aus der medinensischen Epoche (Koran 2:191, 4:76, 4:79, 4:91, 9:5, 5:33, 9:12, 9:29 und 9:36), mit denen die Islamisten ihre exzessiven Gewalttaten zu legitimieren versuchen, werden in vielen Moscheen bei Predigten zitiert. Möglicherweise sind sich viele Prediger der Tatsache nicht bewusst, dass eben diese Verse die Grundlage der Radikalisierung jener Jugendlicher sind, die in den „heiligen Krieg“ ziehen. Auch viele Aussagen des Propheten, wie etwa: „Mir wurde befohlen, die Menschen zu bekämpfen, solange sie sich nicht zum Islam bekennen“, sind in den Freitagsgebeten immer wieder zu hören. Der Korantext und die Tradition des Propheten sind nun mal das gemeinsame sinnstiftende Identifikationsmerkmal aller Muslime. Als kanonische Quellen bilden sie nicht nur die Grundlage für die religiöse Zugehörigkeit, sondern auch die Basis für das kollektive Gedächtnis aller Muslime über die konfessionellen Grenzen hinweg. Insbesondere der Koran wird von vielen Muslimen memoriert. Er ist im Alltag der Muslime multimedial präsent und gilt als eine religiöse Brücke zwischen seiner historischen Entstehungssituation im 7. Jahrhundert und der Gegenwart.[14]

Der Gelehrte Ibn Taimiyya (1263–1328), Theologe und Inspirator des modernen Salafismus konservativer Auslegung, berief sich beispielsweise auf solche Koranverse und deklarierte damit den heiligen Krieg als kollektive Pflicht. Ihm zufolge war der Islam – wenn nötig – auch mit dem Schwert zu propagieren. Sayyid Quṭb (1906–1966)[15], Ahnherr aller heutigen Extremisten, rechtfertigte Gewaltanwendung damit, dass unsere Zeit mit der vorislamischen, heidnischen Epoche vor der Islamverkündung gleichzusetzen sei. Unter Berufung auf Sure 3, Vers 85, in welcher allein der Islam als wahrer Glaube anerkannt wird, verdammt Quṭb alle Anhänger anderer Religionen als Ungläubige, die zu bekämpfen seien. Heute wird er von einigen muslimischen Gelehrten wegen seiner Gelehrsamkeit und seines gewaltigen Opus grenzenlos verehrt, von anderen Muslimen wegen seiner zum Teil extremistischen Ansichten mit Skepsis betrachtet.

Die Muslime müssen den Mut haben zu gestehen, dass der Islam in vielen Punkten versagt hat. Der Islam steht heutzutage für Sexismus (Koran 2:282 und 4:34), Homophobie (Koran 17:32 und 11:77–83), Gewalt (Koran 9:29 und 5:33) sowie die Ausgrenzung anderer Religionszugehöriger und Andersdenkender (Koran 1:6–7, 2:120 und 3:85). Dieselben Koranverse sind gleichermaßen Fundament des friedlichen und des gewalttätigen Muslims. Besonders die drei letzten erwähnten Suren bieten Anknüpfungspunkte für Gewalt. Diese radikalen Koraninhalte dürfen nicht mehr verharmlost oder ignoriert werden. Aus ihnen entspringt, was Pierre Bourdieu als „symbolische Gewalt" bezeichnet hat. Symbolische Gewalt operiert dezent und alltäglich und sichert die Anerkennung von Herrschaftsordnungen. In den in Medina offenbarten Teilen des Koran findet sich ein ganzes Sündenregister von Juden, Christen und arabischen Heiden, das letztendlich als Rechtfertigung für den bewaffneten Umgang des Propheten mit diesen Gruppen dient. Durch die tägliche Rezitation dieser Verse legitimieren viele Muslime bis heute unbewusst religiöse Gewalt. Davon könnte sich der Islam durch eine Reform seiner Quellen – insbesondere des medinensischen Koran – emanzipieren. Eine solche Reform ist dringender denn je. Es genügt nicht zu behaupten, dass der Islam eine Religion des Friedens ist. Wir müssen ihn auch dazu machen. Alles andere trägt lediglich zu seiner postfaktischen Verklärung und Idealisierung bei.

Im Islam wird zu wenig hinterfragt und vieles ohne Reflexion hingenommen. Besonders die in den muslimischen Gemeinden im Westen vermittelte Religion ist realitätsfremd, nicht zukunftsfähig und unterliegt einer Pädagogik der Unterwerfung. In den hiesigen Moscheen wird permanent eine Religiosität des Verwerflichen gepredigt. Import-Imame und die Wortführer konservativer Politikorganisationen lehren einen starren Katalog von Gut und Böse. Ihr religiöser Diskurs definiert sich einzig durch die Abwertung der Anhänger anderer Religionen, nicht durch die differenzierte Auseinandersetzung mit den eigenen Werten. Ihre Predigten und der sogenannte Koranunterricht in den Moscheen sind eine Ansammlung fertiger Antworten, die eine Suche der Gläubigen nach ihrem Selbst in Berührung mit dem Anderen verhindern wollen.

Die Islamisten haben praktisch nichts Neues erfunden. Sie haben nur das, woran alle Muslime glauben, in die Tat umgesetzt. Die radikalen Muslime

> „haben schlicht die Inhalte des gängigen Islamverständnisses überspitzt und radikalisiert. Ihre Haltung zum Umgang mit ‚Ungläubigen', ihre Haltung zur *umma*, zur religiösen Gemeinschaft der Muslime, oder zur Rolle von Mann und Frau unterscheidet sich nur graduell, nicht prinzipiell. Die Basis ist die gleiche, beide, der Imam von nebenan und der IS-Ideologe, teilen miteinander viele Worte, Ängste, Tabus, Abwehrstrategien. Es sind diese veralteten, verkrusteten Inhalte, die mit der aufgeklärten Moderne derart in Kollision geraten, dass aus der Reibung eine Truppe wie der IS entstehen kann."[16]

Der Islam selbst wurde zu einer Ideologie der Macht. Immer wieder wurde das Kollektiv über das Individuum gestellt, jede Kritik der Religion und jede Auseinandersetzung mit der Geschichte des Islam wurde verboten. Es ist nicht übertrieben, wenn man in diesem Zusammenhang von einer patriarchalisch-archaischen Stagnation spricht.

Ich möchte die religiöse Identität der Muslime einer schonungslosen Kritik unterziehen. Die kollektive Sinnkrise des Islam zwingt uns Muslime, in den Spiegel zu schauen und uns den Anblick eines entstellten Antlitzes nicht zu ersparen. Es ist das Gesicht des Islam, der die Herrschaft über die Welt gewinnen will und dabei über Leichen geht. Es ist das Gesicht des konservativen Islam im Westen, der den Westen islamisieren und die hier geborenen, liberalen Muslime re-islamisieren will.

Die Reform des Islam ist eine unverzichtbare Notwendigkeit, die allerdings nicht von selbst kommen wird. Sie ist kein unerwarteter Blitz aus heiterem Himmel. Sie ist das Endergebnis einer Reihe schrecklicher Ereignisse in schwierigen Zeiten, die ihre Geburt beschleunigen. Die Menschen spüren ein tiefes Reform- und Erneuerungsverlangen, das nicht mehr zu bremsen ist. Es scheint, dass die Gesellschaft auf einzelne Personen wartet, welche die Kraft und den Mut haben, ihr durch die Reformierung des Glaubens neuen Schwung zu geben.

III. DIE WÄCHTER DES TEMPELS

Im offiziellen Diskurs der Wortführer der muslimischen Gemeinde in Deutschland und anderer konservativer Muslime, darunter auch der Neo-Muslime (Konvertiten), hat sich inzwischen die Ansicht verfestigt, der Islam sei nicht reformierbar. Der Islam sei keine christliche Religion, die Reformation der eigenen Lehre sei ein dem Islam wesensfremder Gedanke. Die Freiheit des Einzelnen ist selbst vielen Muslimen im westlichen Kontext suspekt und deshalb scheuen sie sich davor, die kanonischen Quellen des Islam, deren historische Rezeption in der Ideengeschichte der klassischen Wissenstradition und die Aktualität des Islam infrage zu stellen. Diese vehemente Ablehnung machen sich insbesondere Salafisten zunutze, die ihrerseits den Islam als Geisel nehmen. Die Angst vor Neuem und vor der Moderne scheint im Islam übermächtig zu sein. Ein tunesischer Islamreformer stellt fest:

> „Das Neue schwimmt gegen den Strom, besonders wenn es um die Religion geht. Der konservative Mensch fürchtet das Neue. Er hat Angst vor unangenehmen Fragen, weil sie seine soliden und sicheren Überzeugungen erschüttern. […] Die Gegner der Reformer sind gewiss die Konservativen.“[17]

Der Autor weist darauf hin, dass die Ablehnung einer Reform im Islam mit der lähmenden Macht der Konservativen zu tun hat. Immer wieder hört man von diesen die These, der Islam brauche keine Reform. Entsprechend kann es den Muslimen in der ganzen Welt nur durch Bildung gelingen, vom blinden Glauben zu einem reflektierenden Glauben überzugehen.[18] Die Verweigerer der Reform des Islam wissen genau, wie schwer es ihnen fällt, Wahrheiten über sich selbst und den Islam zu ertragen. Sie fürchten die Aufdeckung dieser kollektiven Verdrängungsmechanismen und erträumen und entwerfen im Gegenzug ein Bild des Islam, das der Realität nicht mehr entspricht. So schrieb die türkische Zeitung *Milli Gazete* am 9. September 2005 auf der vierten Seite:

> „Der islamische Glaube braucht keine Reformen, Veränderungen und Erneuerungen. [...] Die Thesen einiger Radikaler, Konvertiten und Reformer sind komplett falsch. Im Islam gibt es keine Reformen. [...] Reformen und Veränderungen können nur in verdorbenen Religionen, in menschlichen Ideologien und Lehren durchgeführt werden."[19]

Die zitierte Zeitung steht der Islamischen Gemeinschaft Milli Görüş (IGMG) sehr nah, die seit Jahren unter intensiver Beobachtung des Verfassungsschutzes steht.[20] Wenn solche Ansichten in international vertriebenen muslimischen Tageszeitungen verbreitet werden, ist es kein Wunder, dass viele Muslime im Westen die humanistischen Begründungsversuche einer Islamaufklärung vehement ablehnen. Interessant scheint in diesem Kontext die Verwendung des Terminus „verdorbene Religionen". Anscheinend handelt es sich um eine Anspielung auf das

Judentum und das Christentum. Wenn die Muslime das tägliche Gebet praktizieren, rezitieren sie jeden Tag 17 Mal die erste Sure des Koran, „die Eröffnende“. In dieser Sure wird gebetet:

> „Führe uns den geraden Weg, den Weg derer, denen Du Gnade erwiesen hast, nicht den Weg derer, die Deinem Zorn verfallen sind und irregehen!“ (Koran 1:6–7).

Die gesamte muslimische Koranexegese ist der Auffassung, dass mit der ersten Gruppe die Juden gemeint sind und mit der zweiten die Christen.

Der konservative Islamwissenschaftler Muḥammad Sameer Murtaza, der den islamischen Dachverbänden sehr nahe steht, veröffentlichte im Jahr 2016 ein populärwissenschaftliches Buch mit dem Titel *Die gescheiterte Reformation*, dessen Thesen zum größten Teil von den Überzeugungen der Salafisten und Dschihadisten nicht zu unterscheiden sind. Deshalb ist es angebracht, dieses Pamphlet genauer unter die Lupe zu nehmen. Ähnlich meinem Buch, aber in zynischem Tonfall, beginnt seine Einleitung mit den folgenden Fragen:

> „Wann kommt es endlich zu einer Reformation im Islam? Wo ist der muslimische Martin Luther? Wo bleibt der längst überfällige Thesenanschlag im Islam?“[21]

Offensichtlich will der Autor nur provozieren. Denn schon der Titel seines ersten Kapitels benennt sein Programm. Er lautet: „Der Islam braucht keine Reformation“. Die liberalen Muslime trachteten danach, die islamische Tradition wegzuwerfen, und würden dadurch die Gemeinde der Muslime „auf dem Altar eines neuzeitlichen Individualismus opfern“.[22] Hierbei handelt es sich um eine gravierende Unterstellung, die auf Murtaza selbst zurückfällt. Er gibt vor, sich mit der Reform des Islam auseinanderzusetzen, aber in dem gesamten Buch kommt nicht ein einziges Mal der arabische Terminus technicus für Reform (*iṣlāḥ*) oder Reformer (*muṣliḥ*) vor. Koranverse wie 11:88, wo es um Reform geht, oder 2:220, wo der Begriff „Reformer“ gebraucht wird, scheinen den Autor nicht im Geringsten zu interessieren. Auch Aussagen des Propheten, welche eine Reform des Islam legitimieren, bleiben gänzlich außen vor. Dies ist folgerichtig, denn Murtazas Grundthese lautet: Der Islam braucht keine Reform, alle Reformbewegungen sind gescheitert. In seiner Paranoia scheint er nicht einmal einen Unterschied zwischen der evangelischen Reformation und der Reformbewegung des Islam beziehungsweise den Erneuerungsbewegungen im Islam vom 18. bis zum 20. Jahrhundert zu machen.[23] Diese Reform- und Erneuerungsbewegungen bezeichnet Rachid Benzine als eine Vor-Reform, deren Ziel die Wiederbelebung des Islam war.[24]

Murtaza scheint auf einem Feldzug gegen muslimische Reformer in Deutschland zu sein. Er übt hemmungslose Kritik an einigen Vertretern des liberalen Islam in Deutschland und unterstellt ihnen sogar Ahnungslosigkeit. Er macht auch kein Hehl daraus, dass er Sympathie für die Türkisch-Islamische Union der Anstalt für Religion (DITIB) und den Zentralrat der Muslime hegt.[25] Beim Lesen seines Werkes gewinnt man schnell den Eindruck, dass der Autor von der Kanzel der Populärwissenschaften gegen alles predigt, was mit dem liberalen Islam zu tun hat. Das Buch scheint eine Abrechnung zu sein. Er beschuldigt die Liberalen der dramaturgischen Selbstinszenierung. Jedoch muss man als Leser konstatieren, dass der Autor beim Thema Reform des Islam selbst ziemlich überfordert ist. So heißt es bei ihm zum Beispiel:

Der ‚liberale Islam' ist ein neues Phänomen, das im Westen entstanden ist."[26]

Ein solcher Kardinalfehler sollte einem Kritiker des liberalen Islam nicht unterlaufen. Seine unsachliche Kritik ist symptomatisch für die Haltung einiger muslimischer Islamwissenschaftler gegenüber aufklärerischen Stimmen im Islam. Solch ein gewagter Satz zeigt deutlich sein Wissensdefizit hinsichtlich des historischen Entwicklungsprozesses des liberalen Islam in der arabischen Welt. Es genügt an dieser Stelle, an einige Werke zu erinnern, die sich für einen liberalen Islam eingesetzt haben. Schon im Jahr 1885 erschien das Buch des algerischen Gelehrten Muḥammad Ibn Muṣṭafā Ibn al-Ḫūǧa (1864–1915) mit dem Titel *Beachtung der Sorge um die Rechte der Frauen*, in dem es um die Befreiung der muslimischen Frauen ging. Fünf Jahre später verfasste der ägyptische Reformer Qāsim Amīn (1865–1908), der in Frankreich studiert hatte, sein monumentales Werk *Die Befreiung der Frau.*[27] Zu den Hauptthesen des Werkes gehört erstens, dass der Aufruf zur Befreiung der Frau kein Verstoß gegen die Religion ist. Zweitens betont er, dass die Trennung zwischen Frauen und Männern nicht auf das islamische Recht zurückzuführen ist. Drittens – seine wichtigste These –, dass der in seiner Zeit sich ausbreitende Schleier überhaupt nichts mit dem Islam zu tun habe. Im Jahr 1925 dann schrieb der Reformgelehrte ʿAlī ʿAbd ar-Rāziq (1888–1966), der in Oxford studiert hatte, ein Buch mit dem Titel *Der Islam und die Grundlagen der Herrschaft.*[28] Seine wichtigste These besagt, dass es im Koran und in der Tradition des Propheten keine Legitimation für einen Herrschaftsanspruch gibt. Dass der Prophet auch Herrscher war, wäre eine geistliche und politische Entscheidung gewesen, die mit den damaligen Umständen im 7. Jahrhundert zu tun gehabt hätte. Mit dieser These wollte der Autor einen klaren Trennstrich zwischen dem Profanen und dem Heiligen ziehen, was zu einer sachlichen Auseinandersetzung mit der historischen Funktion des Propheten hätte führen können. Doch ʿAbd ar-Rāziq wurde aus seinem Amt als Richter entlassen und lebte bis zu seinem Tod zurückgezogen. Die Liste solcher Werke als Fundament für den liberalen Islam kann beliebig verlängert werden. Fest steht, dass es bereits all diesen muslimischen Reformern in erster Linie um „eine islamisch begründete säkulare Moderne"[29] ging, die jedoch bis heute, auch im Westen, bekämpft wird.

Der oben zitierte Reformgegner Murtaza scheint außerdem der Überzeugung zu sein, dass die Erneuerungsbestrebungen im Islam aus den Moscheen kommen.[30] Konkretes teilt er uns leider nicht mit. Schade, es wäre tatsächlich ein konstruktiver Vorschlag. Denn würden die Imame in den Moscheen sich mit der Vernunft versöhnen, wäre es möglich, eine Reform des Islam in die Tat umzusetzen. Die Geschichte der Moscheen im Westen, in denen Import-Imame tätig sind, zeigt jedoch, dass sie *au contraire* einen erheblichen Anteil an der gescheiterten Integration vieler Muslime haben. Es ist – mit Blick auf diese Moscheen – kein Wunder, dass die Mehrheit der Muslime nationalistisch und konservativ sind. Ein schlagender Beweis sind die Moscheen der DITIB und des Zentralrats der Muslime.

Die Import-Imame sind den heutigen Herausforderungen im Westen noch nicht gewachsen, deshalb sind sie nicht in der Lage, den Islam zu reformieren und sich an die Moderne der westlichen Kultur anzupassen. Diese Gelehrten, die von ihren Kollegen in der islamischen Welt letztendlich nicht zu unterscheiden sind, haben eine Art Frage-Verbot in den muslimischen Gemeinden Europas institutionalisiert. Mit vorgefertigten Antworten zwingen sie den Mitgliedern ihrer Gemeinden ihre Lehre auf und berufen sich dabei auf veraltete Sichtweisen, die angeblich für alle Zeiten und alle Orte gedacht waren. Ihre Predigten kommen als Gewissheiten daher, die zu befolgen sind und von niemandem in den Moscheen infrage gestellt oder bezweifelt werden dürfen. Jeder Imam, der die historisch-politische Rolle oder die Aussagen des Propheten, oder etwa den medinensischen Koran infrage zu stellen versucht, wird aus seiner Moschee verjagt. Denn die kanonischen Quellen sind ein Tabu.

Ein alternativer Ursprungsort einer Reform des Islam könnte der islamische Religionsunterricht sein. Der schulische Religionsunterricht wäre tatsächlich in der Lage, das Gesicht des Islam im Westen und die hiesige religiöse Landschaft zu verändern. Er könnte eine neue Generation des Islam in Europa an eine säkulare Gesellschaft heranführen, in der moderne Werte wie Menschenrechte, Meinungsfreiheit, Pluralismus und Demokratie unantastbar sind.

Was die konservativen Muslime und ihre Vertreter in der intellektuellen Szene wie Murtaza hingegen propagieren, ist die Re-Islamisierung der Moderne. Sie predigen eine Gegenaufklärung als Denk- und Lebensmodell. Im Sinne dieser Re-Islamisierung ist Widerstand nicht nur gegen die Vernunft zu beobachten, sondern auch gegen alle aufgeklärten Bestrebungen, welche die religiöse Legitimität der historischen und gegenwärtigen Herrschafts- und Patriarchatsstrukturen auf den Prüfstand stellen.

Diesen Gegnern der Aufklärung geht es letztendlich um die Deutungshoheit. Sie wollen bewusst verhindern, dass die Muslime in Glaubensfragen und religiösen Angelegenheiten dem eigenen Gewissen folgen. Sie wollen bestimmen, wie die Beziehung des Menschen zu Gott aussehen soll. Darüber hinaus schüren sie unter den Menschen die Furcht vor einem Gott, der nur darauf wartet, sie schonungslos in die Hölle zu schicken. Seit Jahrhunderten versetzen sie die Muslime permanent in Angst.

Die Verweigerer der islamischen Reform wissen genau, dass der reflektierte Islam eine Befreiung aus der selbstverschuldeten Unmündigkeit bedeutet. Sie sind sich auch der Tatsache bewusst, dass die Muslime durch die Anwendung der Vernunft in ihrem Glauben und Handeln den Geist der Freiheit atmen könnten. Schließlich geht es in der Reform des Islam nicht darum, das Unmögliche zu wagen, um das Mögliche zu erreichen. Es geht lediglich darum, die kanonischen Quellen des Islam, die im Laufe der Jahrhunderte zu einem Menschenwort geworden sind, auf der Grundlage der Vernunft zu diskutieren, differenzierter wahrzunehmen und besser zu verstehen. Es geht darum, die Religiosität der Musliminnen und Muslime in Angstfreiheit wachsen und reifen zu lassen, hin zu mehr Kreativität und sozialer Mitverantwortlichkeit. Die Reform des Islam ist heute notwendig und auch möglich. Es fehlt uns lediglich der Mut dazu.

Ziel der Reform des Islam ist es, dass der Islam in religiösen Angelegenheiten auf dem Prinzip der Vernunft aufbaut. Es genügt nicht, nur über die Vernunft zu sprechen; die Muslime müssen sie sich im religiösen Diskurs zu eigen machen. Dadurch kann der Islam anderen Religionen und Weltanschauungen auf Augenhöhe begegnen. Unter Vernunft in der Religion verstehe ich auch die Trennung von Sakralem und Säkularem. Auch im Islam sollen Meinungsfreiheit, Religionsfreiheit sowie Gleichberechtigung zwischen den Geschlechtern, zwischen Gläubigen und Nichtgläubigen und zwischen Muslimen und Nichtmuslimen in Mittelpunkt stehen. Diese humanistischen

Werte sind die Grundlage für ein tolerantes und friedliches Leben unter Muslimen, mit den Anhängern anderer Religionen und mit andersdenkenden Menschen.

Die Reform des Islam will für Muslime aller Couleur den Einfluss eines veralteten mittelalterlichen Islamverständnisses eindämmen. Hierbei geht auch um den sogenannten Islam des Konsenses (*islām al-iǧmā'*)[31], der den früheren Gelehrten nachgesagt wird, die ihre Lehre und ihre Diskurse in Eintracht gepflegt haben sollen. Interessant ist, dass viele muslimische Rechtsgelehrte auf den Konsens der Prophetengefährten (*aṣ-ṣaḥāba*) und der ersten Generation der Muslime im 7. Jahrhundert abheben. Durch die Kanonisierung des Konsenses als normative Bedingung in schariarechtlichen und anderen Fragen der Religion werden heutige Muslime genötigt, genau wie die Muslime von damals zu denken. Dieser Islam der autoritären Kollektivität kassiert die kreativen Kräfte der Individuen und zwingt sie zur bloßen Nachahmung.

Nie war die Aufklärung des Islam so notwendig wie heute, in der Zeit des globalen islamistischen Terrors. Nicht nur Muslime, auch viele Nichtmuslime sehen die Dringlichkeit einer konstruktiven Selbstkritik des Islam. Umso wichtiger ist eine Aufklärung, die betont, dass der Islam in erster Linie ein Glaube voller Spiritualität ist. Der Islam ist keine militante, die Weltherrschaft erstrebende Gemeinschaft. Er ist keine staatliche Ordnung mit einem Totalitäts- und Universalanspruch auf die ganze Menschheit. Er ist eine geistliche Bewegung, eine Religion, welche die Bindung des Individuums an Gott und den treuen Glauben festigen will. Der Islam besteht aus dem religiösen Angebot spiritueller Werte, die ein tiefes religiöses Leben ermöglichen und fördern. Nun sind wir herausgefordert, eben diesen aufgeklärten Islam zu etablieren.

IV. DIE VIERZIG THESEN

„ ... die Fragen selbst liebzuhaben,
wie verschlossene Stuben
und wie Bücher, die in einer sehr fremden Sprache
geschrieben sind.“

Rainer Maria Rilke

1. Es ist Zeit für einen Europäischen Islam.

Genau wie in allen anderen monotheistischen Religionen spielt die Vergangenheit eine essenzielle Rolle im Alltag der Muslime. Obwohl Geschichte nie abgeschlossen ist und in Übereinstimmung mit der Gegenwart immer wieder neu reflektiert und gedeutet werden muss, beansprucht im Islam eine kleine Gruppe konservativer Gelehrter die alleinige Deutungshoheit über die Vergangenheit für sich. Die Mehrheit der Muslime identifiziert sich blindlings mit dem von dieser Gruppe vorgegebenen kulturellen Erbe und hat offenkundig Schwierigkeiten damit, dieses kritisch infrage zu stellen. In der Folge leben sie zwar körperlich in der heutigen Zeit, denken jedoch im Geist des 7. Jahrhunderts. Viele träumen sogar von der Rückkehr zum Islam der Anfangszeit.

Bis heute bestreitet die Mehrheit der Muslime, dass die Gewalt etwas mit den Lehren des Islam zu tun hat. Gezielt wird die Gewalt zu Lebzeiten des Propheten, dessen Gemeinde als Vorbild für alle Muslime gilt, gegenüber den nichtmuslimischen Gesellschaften Europas völlig ausgeblendet. Es wird bewusst eine Dynamik des Verdrängens in Gang gesetzt, welche die Entstehung des Islam verklärt und idealisiert. Doch die Muslime sind sowohl das, was sie erinnern, als auch das, was sie vergessen wollen. So dienen den Islamisten als Handlungsanleitung einige medinensische Koranpassagen und das politische Handeln des Propheten selbst, somit kanonische Quellen der islamischen Rechts- und Religionslehre. Darüber hinaus beruft sich der islamistische Terror auf eine gewalttätige, theologisch gut fundierte Ideologie, die als Rezeption einer Ideengeschichte der Gewalt im Islam gelten muss. Man kann es nicht leugnen: Der gegenwärtige Islam wird von seiner gewalttätigen Vergangenheit heimgesucht.

Weder die kanonischen Quellen des Islam noch die Ideengeschichte der islamischen Wissenstradition sind selbstevident, sie alle bedürfen einer kritischen Auslegung. Die gegenwärtige Selbstbestimmung der Muslime kann allein durch eine zeitgemäße Auslegung der eigenen Ideengeschichte vollzogen werden. Muslimische Identitätsfindung in der Gegenwart, insbesondere im westlichen Kontext, kann nicht gelingen, wenn man sich dabei allein auf eine sakrosankte Interpretation der islamischen Vergangenheit bezieht. Anhand der kritischen Auseinandersetzung mit den kanonischen Quellen und der Wissenstradition des Islam ergeben sich hingegen vielfältige Möglichkeiten der Interpretation der eigenen religiösen Identität bei zeitgleicher Zugehörigkeit zu einer neuen Kultur. Diese Vorgehensweise kann Pluralität unter den Muslimen schaffen.

Ein gebildeter Muslim versteht, dass er historische Texte nicht neutral interpretieren kann. Er deutet sie immer im Kontext seiner jeweiligen Lebenssituation. So entdeckt er nicht nur seine religiöse Identität, sondern definiert diese anhand seiner Interessen und gemäß seiner Lebenswirklichkeit im Westen. Seine ererbten Werte müssen unbedingt mit den jeweiligen Werten der westlichen Kultur abgeglichen werden. Die Muslime im Westen können sich und ihre Lebenswelt besser verstehen, wenn sie sich nicht nur mit der Geschichte des Islam beschäftigen, sondern auch mit der Kultur, an der sie teilhaben. Nur ein kritisches und selbstreflektierendes Verstehen der islamischen Tradition ist geeignet, die gegenwärtige Existenz der Muslime zu bereichern. Besonders die Vielfalt der zeitgenössischen Lesarten des Koran ermöglicht es den Menschen, den Islam selbst neu zu verstehen, zu entdecken und ihre religiöse Identität mit den Grundsätzen der westlichen Kultur zu versöhnen. Nur so können die Muslime im Westen ein integrativer Bestandteil ihrer jeweiligen Gesellschaft werden und sich von der nostalgischen Erinnerung an das 7. Jahrhundert verabschieden – die Zeit der historischen Entstehung des Islam, die jedoch nichts anderes als eine kollektive Erinnerung ist. Ihre Zugehörigkeit zum Islam wird dann zur privaten Sache, primär sind sie nun Bürgerinnen und Bürger des Landes, in dem sie leben. Dieser Weg kann zu einer neuen muslimischen Identität im Westen führen. Nennen wir diese Identität einen „europäischen Islam“.

2. Die Heilige Schrift des Islam an sich ist leblos. Erst die Interpretation macht sie lebendig.

Die Muslime müssen sich der Tatsache bewusst werden, dass sie mit dem Koran und der Tradition des Propheten als kanonische Quellen nicht mehr dort stehen, wo der Prophet Muḥammad damals im 7. Jahrhundert stand. Der Islam der ersten Gemeinde des Propheten (610–661) hat sich im Laufe der Jahrhunderte weiterentwickelt. Entsprechend ist der Korantext Gegenstand eines nie abgeschlossenen Interpretationsprozesses, der sich immer an die jeweilige Lebensrealität des Interpreten anpassen muss. Er lässt sich zu jedem Zeitpunkt unterschiedlich interpretieren. Die Interpretation befreit die Texte der islamischen Kultur von ihrer Leblosigkeit, ja mehr noch: Sie werden durch das Vorwissen der heutigen Muslime um neue Sinngehalte bereichert. Dies bedeutet aber auch, dass der Koran ohne Einbeziehung des gegenwärtigen Kontexts keinen Wert hat. Nur eine humanistische Lesart des Korantextes kann einen konstruktiven Beitrag zur Etablierung eines modernen Islam in einem westlichen Kontext leisten, indem sie sich auf das reflektierende und kritische Verstehen beruft und die Freiheit der Interpretation betont. Eine Deutungshoheit bestimmter Gruppen besteht nicht.

Die westliche Islamwissenschaft konzentriert sich bis heute zum größten Teil ausschließlich auf die Frage der geschichtlichen Genese des Korantextes. Allein seine Vorgeschichte und seine Redaktion sind zentrale Themen, ebenso wie die jüdischen, christlichen und anderweitigen Einflüsse auf den Koran. Womöglich mit der Absicht, die Originalität des Koran als Offenbarungsbuch in Zweifel zu ziehen, bewegt sich die westliche Koranwissenschaft methodisch zwischen der historischen und der rezeptionsgeschichtlichen Analyse. Man wollte bisweilen nichts anderes, als die Heilige Schrift der Muslime als eine epigonale Reprise des Gedankenguts aus dem Alten und Neuen Testament zu beschreiben. Demnach wäre der Koran nichts anderes als ein nachbiblisches Werk im Sinne eines Fortschreibungstextes, der von Muḥammad verkündet wurde.

Bewusst will man seinen Status als Gottes Wort in Form einer Offenbarung nicht anerkennen. Diese Haltung, inzwischen auch vertreten durch die Islamwissenschaftlerin Angelika Neuwirth, scheint ihre Wurzeln in der historischen Rezeption des Korantextes durch Nichtmuslime zu haben. Das harte Verdikt einer Epigonalität des Koran zu anderen heiligen Schriften in der westlichen Islamwissenschaft der Gegenwart erinnert an die Anfänge des klassischen Orientalismus. Bereits der orthodoxe Theologe und Kirchenvater Johannes von Damaskus (gest. um 750), der etwa ein Jahrhundert nach dem Tod des Propheten wirkte, stellte Muḥammad im zweiten Teil seines theologischen Werkes *Quelle der Erkenntnis* über die Häresien (*De Haeresibus*) als falschen Propheten und Vorläufer des Antichristen dar. Als erster Gelehrter betrachtete er den Islam nicht als eine eigenständige Religion, sondern bezeichnete ihn als eine christliche Denomination mit gewissen Irrlehren und klassifizierte ihn somit als jüngste unter den christlichen Häresien. Diese Denkart setzt sich bis in die Gegenwart der westlichen Islamwissenschaft fort.

Eine solch verzerrte Rezeption hat zwei Konsequenzen: Erstens wird der Korantext allzu häufig aus seinem aktuellen Kontext herausgerissen behandelt, ganz zu schweigen von einer wissenschaftlichen Beschäftigung mit seinen Themen. Während also der Historizität des Koran ungleich viel Aufmerksamkeit geschenkt wird, interessiert sich die westliche Islamwissenschaft kaum für dessen Inhalte. Zweitens ist die Frage nach der Urheberschaft des Korantextes, die sich wie ein roter Faden durch das gesamte Werk der westlichen Koranwissenschaftler zieht, in der Islamwissenschaft zentral. Und bis heute schreiben die Vertreter dieses Faches die Autorenschaft dem Propheten Muḥammad zu. Damit will man nichts anderes, als dem Koran seine Natur als Gottes Wort abzusprechen und ihn stattdessen zu einem Machwerk des Propheten zu erklären – stets einhergehend mit dem impliziten Vorwurf, Muḥammad habe beim Verfassen des Koran aus anderen heiligen Schriften abgeschrieben.

Ein unmittelbares Indiz für die Autonomie des Koran von seinem historischen Ursprung ist der Korantext selbst. Nicht nur die Prozessualität der Textgenese bei seiner Verkündung, sondern auch seine kommunikative Sprachstruktur verleihen dem Koran als Text eine gewisse Originalität und Eigenständigkeit, die ihn nicht unmittelbar mit anderen heiligen Schriften vergleichen lässt. Seine vielgestaltigen Redeformen und Sprachakte bezeugen deutlich eine große literarische Partitur, welche eine immer wieder neue Lektüre des Korantextes ermöglicht und legitimiert. Als selbstreferentieller Text mit einer interpretativen Fortschreibung seiner selbst in Form eines Korantextwachstums verhält sich der Korantext in seiner stilistischen und sprachlichen Intention wie ein literarischer Text, welcher seinen eigenen Inhalt und seine eigene Sprachform zum

Gegenstand macht. Er wiederholt sich nicht nur, sondern kommentiert sich ständig selbst und bereichert seine Themen mit neuen sprachlichen und inhaltlichen Informationen.

Der Leser entdeckt einen Wandlungsprozess durch die Sprach- und Stilentwicklung im Korankorpus selbst. Diese illustrieren deutlich die Debattenlandschaft zwischen dem Propheten und seiner Hörerschaft im 7. Jahrhundert. Der Korantext ist somit nicht nur eine religiöse Schrift, sondern auch ein literarisches Werk *par excellence.* Nicht nur seine Heilsgeschichten, sondern auch die zahlreichen Termini, welche einer kommunikativen Textentfaltung im Sinne einer Sinnerweiterung unterliegen, sind ein deutlicher Beleg hierfür. Durch seine Autonomie illustriert er die Sinnentfaltung seiner eigenen internen Exegese – die Schrift legt sich selbst am besten aus und wird durch die Exegese des Menschen entfaltet und bereichert. Der Koran spricht jedoch nicht von selbst, es sind die Menschen, die ihm Sinn verleihen.

Vorab soll verdeutlicht werden, dass ich zwischen dem humanistisch-ethischen und politisch-juristischen Koran unterscheide. Der Teil des Koran hingegen, der zur politischen und sozialen Organisation der Gemeinde des Propheten diente, kann nur aus seinem Entstehungskontext verstanden werden. Er hat keine Anwendungsgültigkeit in der heutigen Lebenswelt der Muslime. Dazu gehören auch die sogenannten Schwertverse, die Koranpassagen über den Umgang mit den Juden und Christen sowie die Koranstellen über die Stellung der Frau.

Historisch-kritisch gesehen kann zwischen dem historischen Muḥammad auf der einen Seite und dem Koran als Quelle des Glaubens auf der anderen unterschieden werden, denn der Prophet selbst war schlicht ein Verkünder von Gottes Wort. Ein Bezug allein auf die Inhalte des Korantextes befreit die historische Erforschung des Propheten auch von späteren muslimischen theologischen Projektionen, die ihn zum Beispiel als Analphabeten sehen.

3. Jede Muslimin und jeder Muslim hat die Freiheit, den Koran so zu interpretieren, wie sie oder er will.

Die Autonomie des Koran als religiöser Text setzt die Freiheit des Muslims als Exeget voraus und begründet gleichzeitig sein reflektierendes und sogar kritisches Verstehen, denn es besteht eine Wechselwirkung zwischen der Entstehungssituation des Koran und der Lebenswelt des Exegeten. Die vielfache Exegese des Koran muss nicht unbedingt zu sich widersprechenden Interpretationen führen. Denn die aus einem freien und kreativen Umgang mit dem Korantext entstandenen Auslegungen können sich auch konstruktiv ergänzen und bereichern. Somit besitzt kein bestimmter Muslim oder keine muslimische Gruppe das Deutungsmonopol über den Koran. Dies bedeutet auch, dass jede Muslimin und jeder Muslim das absolute Recht hat, den Koran gemäß ihrer oder seiner Lebenswelt zu interpretieren.

Im Koran gibt es keinen Beleg dafür, dass es den Muslimen verboten wäre, frei zu denken. Immer wieder lesen wir im Koran den Aufruf, dass alle Muslime über ihre Religion und ihr Leben nachdenken und reflektieren sollen. In mehreren Kontexten ruft der Koran die Muslime dazu auf, sich ihrer Vernunft zu bedienen. Ausgedrückt wird dies mit verschiedenes Termini, die sich in einer spannungsvollen Weise ergänzen:

Die Muslime sollen über den Koran „nachdenken“ (*tadabbur*, Koran 10:24 und 16:44); der Koran ist als Schrift in arabischer Sprache hinabgesandt, deshalb sollen sich die Muslime darüber „Gedanken machen“ (Koran 12:2 und 43:3); auch ist im Koran die Rede von Menschen, die in Sachen Religion „Verstand besitzen“ (*ūlū al-albāb*, Koran 3:190 und 38:29).

Mohammed Arkoun (1928–2010) betont, dass es im Islam keine Instanz gibt, die für sich die alleinige Autorität beanspruchen darf. Die Interpretationen des Koran könnten sich auf der Basis von Meinungsfreiheit und -verschiedenheit ergänzen. Deshalb sei der Koran, wie jede religiöse Schrift, offen für alle Interpretationen, die das Wort Gottes mit neuen Sinninhalten bereichern. Es sei selbstverständlich, dass der Koran nicht nur religiöse Informationen mitteile, sondern Kommunikation stifte und die Menschen zum Nachdenken ermutige. Daher sei die Freiheit der Interpretation grundlegend.[32]

Die Freiheit der Muslime bei der Exegese ist in meinen Augen ein wesentliches Element, besonders wenn es um die Etablierung eines diskursiven Islam im westlichen Kontext geht. Der Anspruch auf das Monopol einer einzigen und richtigen Lesart der kanonischen Quellen und der Wissenstradition kann von keinem Gelehrten und von keiner bestimmten Glaubensgemeinschaft oder Gruppierung, wie etwa hierzulande den sogenannten Dachverbänden, beansprucht werden, denn dies führt zur Unmündigkeit des Textes und des Lesers. Eine übergeordnete Lehrinstitution gab es in der Geschichte des Islam nicht und jeder heutige Versuch, eine solche zu schaffen, würde nicht nur das Verstehen des Islam und seiner Ideengeschichte stagnieren lassen, sondern die Freiheit der pluralen Interpretation aufheben.

Der Ruf nach der Autonomie des Koran als Text und nach der

Freiheit der Interpretation ist eine Ermutigung der Muslime zur Erneuerung der islamischen Religion sowie die Voraussetzung für eine Wiederbelebung des freien Denkens aller Muslime. Die Freiheit der Koranauslegung impliziert auch die Freiheit all jener Andersdenkenden, die ebenfalls nach einer modernen und humanistischen Lesart des Koran streben. Selbstverständlich bedeutet freie Interpretation weder plakative Ablehnung noch Revolution gegen das historische Erbe der islamischen Kultur. Eine freie Interpretation ist darum bemüht, die kanonischen Quellen und deren Rezeption historisch-kritisch zu verstehen. Sie will den Koran bewusst von seinem hagiografischen Sinn befreien. Deshalb ist und bleibt die Freiheit des muslimischen Lesers als Exeget unantastbar.

4. Eine Reform des Islam braucht mutige Reformer.

Selbstverständlich können und müssen alle Muslime ihre eigene Religion reflektieren, denn sie sind diejenigen, die die Verantwortung für ihre Entscheidungen und ihr Handeln im Diesseits tragen. Auch im Jenseits werden alle Menschen zur Rechenschaft gezogen für das, was sie in ihrem Leben gemacht haben. Kein Muslim hat das Recht, sich zum Fürsprecher anderer aufzuschwingen. Und doch benötigen auch Muslime geistige Wegweiser, besonders in Zeiten der Sinnkrise ihrer Religion. Eine religiöse Reform formiert sich immer zu einem Zeitpunkt, an dem die Auslegung der Religion als nicht mehr zeitgemäß empfunden wird. Oft wird sie durch eine politische oder soziale Krise in Gang gesetzt und beschleunigt. Vor der Formierung einer Reformbewegung sind kreative Kräfte zumeist in den Hintergrund gerückt. Ein Gefühl der Unterlegenheit und der Frustration kennzeichnet die Mentalität der Menschen. Es scheint, dass die Gesellschaft auf einzelne Personen wartet, die die Kraft und den Mut haben, der Reform des Glaubens neuen Schwung zu geben. Die Träger einer Reformbewegung sind sich der kollektiven Depression ihrer Gesellschaft bewusst und versuchen, sozusagen als geistige Handwerker, ihre Umgebung zu reparieren und die wahren religiösen Prinzipien wiederzubeleben.

Die Reform des Islam benötigt mutige, aufrichtige Reformer – Intellektuelle, die den Finger in die Wunde der Zeit legen. Diese Menschen sind humanistische Muslime, die ihre Aufgabe darin sehen, zu klären und aufzuklären. Sie sind heute wichtiger denn je, denn sie haben den Mut, unangenehme Wahrheiten auszusprechen und mit Tabus zu brechen – und zwar gegen alle Widerstände. Sie erlauben anderen, vollständig an ihrem Aufklärungsprogramm teilzunehmen, und bleiben – ohne Furcht vor den Reaktionen anderer – bei ihrer Wahrheit. Sie riskieren den Zorn und die Wut der Vertreter des konservativen Islam, gehen dabei ein hohes Risiko ein und setzen nicht selten ihr eigenes Leben aufs Spiel.

Ein vorbildhaftes Beispiel für solche freien Geister findet sich sogar im Koran selbst, nämlich an jener Stelle, wo es zum Dialog zwischen Gott und den Engeln kommt (Koran 2:30–34). Am Beispiel dieser Stelle möchte ich gern eine humanistische Lesart des Korantexts demonstrieren.

Es findet an dieser Stelle im Koran ein einmaliger Dialog zwischen Gott und den Engeln bezüglich der Einsetzung eines menschlichen Vertreters auf Erden statt. Nach der Erschaffung des Diesseits – Erde und Himmel – teilt Gott den Engeln mit, dass er sich einen Vertreter auf Erden erschaffen will. Die Engel sind nicht begeistert von Gottes Vorhaben. Sie schweigen aber nicht, sondern äußern unmissverständlich und mutig, was sie denken. Die Engel waren über das Vorhaben nicht nur erstaunt, sondern mit dem Projekt Gottes schlicht nicht einverstanden. Vielleicht hofften sie, dass Gott sich über sein Vorhaben mit ihnen beraten würde, in der Hoffnung, dass er es revidiert. Somit sind die Engel nicht mehr nur als Diener Gottes zu betrachten, sondern als ihm ebenbürtige Gesprächspartner.

Als Mensch mutig und frei zu sein, wenn es um den Islam

geht, ist freilich keine einfache Aufgabe, denn im Islam wird zwischen konstruktiver Kritik und Schmähung nicht unterschieden. Jede noch so sachliche und fundierte Kritik wird als Verrat an der eignen Religion betrachtet und Reformer werden als Nestbeschmutzer verunglimpft. Der „Wahrsprecher“ riskiert Feindseligkeit, Hass und Tod, besonders wenn sein Gegenüber Macht und Autorität besitzt, wie es im Islam der Gegenwart der Fall ist. Dennoch: Eine Reform des Islam braucht eben solche mutigen Frauen und Männer.

5. Das Erbe des Islam muss frei erforscht werden können.

Im Laufe der islamischen Geschichte haben die Gelehrten dem Koran Schranken gesetzt und ihn in den Käfig ihrer Auslegung gesperrt. Sie machten aus ihm einen autoritären und zwingenden Text, obwohl im Koran selbst zu lesen ist, dass es in der Religion keinen Zwang gibt (Koran 2:256). Die früheren und die zeitgenössischen konservativen Gelehrten tragen die volle Verantwortung für die Beseitigung der Denkfreiheit im Islam oder zumindest für deren Einschränkung. Die Unwissenheit der muslimischen Laien hat zur Folge, dass zwischen der Rede Gottes und den Ansichten der Gelehrten nicht klar differenziert wird, was wiederum dazu führt, dass sie die Ansichten der Gelehrten als unantastbar betrachten.

Islamische Theologie in einem europäischen Kontext hat die Aufgabe, die Geschichte des Islam diskursiv zu erforschen. Diskursivität ist dem Islam eigentlich nicht fremd. Die dem Propheten Muḥammad verkündete Offenbarung wollte zum Beispiel mittels unzähliger Dialoge im Koran die Zuhörer emotional ansprechen und ihre Imagination anregen, aber eben auch dazu auffordern, den zwischenmenschlichen Dialog zu pflegen.

Anders als in den meisten muslimischen Ländern ist der Islam im Westen nicht die vorherrschende oder gar die einzige

Religion. Der Islam im europäischen Kontext lebt in ständiger Berührung mit anderen Religionen. Eine Islamische Theologie wie in der ägyptischen Azhar-Universität oder in den Universitäten Saudi-Arabiens darf und kann in einem europäischen Kontext nicht gelehrt werden, obwohl solche Hoffnungen von vielen europäischen Muslimen gehegt werden. In diesen Ländern gilt der „islamische Katechismus" als nicht hinterfragbar; Schüler und Studenten haben ihn ohne jegliche Textanalyse auswendig zu lernen. Genau wie in den Moscheen gelten Lehrerinnen und Lehrer an diesen Universitäten als Verkünder der absoluten Wahrheit des Katechismus und die Lernenden als diejenigen, die lediglich zu dieser Wahrheit begleitet werden müssen. Die historisch-kritische Methode wird als Tabu angesehen. Allein schon diese veraltete Lehrmethode, welcher die Standards an europäischen Schulen und Hochschulen fremd sind, zeigt, dass eine islamische Theologie im europäischen Kontext anders verstanden und gestaltet werden muss. Auch der Import von Lerninhalten durch Gelehrte etwa aus der Türkei oder aus Saudi-Arabien ist zum Scheitern verurteilt, da der europäische Islam durch die ständige Berührung mit der westlichen Kultur eine andere Dynamik hat als der Islam in muslimischen Ländern.

In einer pluralistischen und demokratischen Gesellschaft darf die Islamische Theologie und Religionspädagogik nicht lediglich als Mittel zur „Resozialisierung" beziehungsweise „Integration" sogenannter Migranten beziehungsweise von Muslimen mit „Migrationshintergrund" verstanden werden. Die Islamische Theologie und Religionspädagogik können stattdessen ein konstruktiver pädagogischer Weg zur Selbstentdeckung der europäischen Muslime sein. Die kritische Beschäftigung mit der eigenen religiösen und historischen Identität bildet ein

Fundament für einen toleranten Umgang und ein Zusammenleben erstens der Muslime aller Couleur untereinander und zweitens der Muslime mit der nicht-muslimischen Mehrheit.

Die klassischen muslimischen Wissenstraditionen, wie etwa die Koranauslegung, die Prophetenbiografie und die juristische Rechtslehre, schränken die individuelle und schöpferische Kraft des Islam auf verpflichtende Verhaltensweisen, dogmatische Evidenzen und ein Bündel von Definitionen ein. Eine Islamische Theologie darf ihre wissenschaftliche Aufgabe jedoch nicht auf die Erstellung eines Katalogs von Erlaubtem und Verbotenem gemäß den verschiedenen muslimischen Rechtsschulen und Glaubensgemeinschaften reduzieren. Vielmehr sollten junge Menschen zur kritischen Reflexion der eigenen Tradition befähigt werden. Die gegenwartsbezogenen Islamstudien sollen eine freie Bühne darstellen, auf der europäische Muslime ihre individuelle Selbstbestimmung entfalten können. Der Islam in seiner pluralistischen Form ist keine Ansammlung von fertigen Antworten, sondern eine ständige Suche nach dem muslimischen Ich in der Berührung mit dem Anderen. Neben den muslimischen Gemeinden besteht auch in Schulen und Hochschulen die Möglichkeit, den Islam in deutscher Sprache zu vermitteln und über ihn auf Deutsch zu diskutieren.

Der Islam in den westlichen Ländern ist nicht nur der sunnitische Islam – in Deutschland nicht nur die ḥanafitisch-sunnitische Rechtsschule –, sondern besteht aus einer Vielfalt verschiedener Glaubensgemeinschaften. Andere muslimische Konfessionen, etwa die Schiiten, gehören ebenfalls zur kulturellen Identität des europäischen Islam. Also sollte man auch in der Islamischen Theologie von der Vorstellung Abschied nehmen, dass es nur „einen“ Islam gibt. Allein die vier sunnitischen Rechtsschulen, ferner die unterschiedlichen muslimischen Glaubensgemeinschaften sind der deutliche Beweis dafür, dass man heute vom Islam in der Pluralform sprechen muss.

Mir geht es in erster Linie um die hoch angesehene Wissenschaft in Deutschland, deren Unabhängigkeit gewahrt bleiben muss. Dies muss auch für die Islamische Theologie und Religionspädagogik gelten. Meinungsfreiheit und wissenschaftliche Redlichkeit dürfen nicht durch irgendwelche Gutachten oder mediale Statements verhindert werden, wie etwa in dem Fall des Islamreformers Mohannad Khorchide von der Universität Münster. Wegen seines Buches *Islam ist Barmherzigkeit* stellten die konservativen Dachverbände seine wissenschaftlichen Kompetenzen infrage, mit der Absicht, ihm seine Lehrerlaubnis zu entziehen.[33] Es ist heutzutage dringender denn je, das Erbe des Islam frei zu erforschen. Die Zeiten, in denen Muslime nur glauben und nicht nachdenken durften, gehören schlicht der Vergangenheit an!

6. Die Reform des Islam ist im Koran selbst angelegt.

Liebe Muslime! Unser Zeitalter ist die Epoche der kritischen Islamreform, deren zentrale Aufgabe es ist, die islamische Ideengeschichte differenzierter zu verstehen und unseren Glauben neu zu definieren. Nur wir Muslime selbst können uns aus der historischen Unmündigkeit befreien, indem wir uns unseres reflektierenden Verstandes ohne fremde Anleitung bedienen. Dass wir über unseren Glauben ohne Tabus, Denkverbote und Dogmen nachdenken, scheint heute notwendiger denn je, um Anschluss an die westliche Moderne zu finden – sonst werden wir passive Beobachter des historischen Geschehens bleiben. Es geht uns um einen europäischen Islam, deshalb kann das aufklärerische Pathos von Kant auch für einen modernen, humanistischen Islam einen erheblichen Beitrag leisten. Auch für uns europäische Muslime gilt:

> „Aufklärung ist der Ausgang des Menschen aus seiner selbstverschuldeten Unmündigkeit. Unmündigkeit ist das Unvermögen, sich seines Verstandes ohne Leitung eines anderen zu bedienen. Selbstverschuldet ist diese Unmündigkeit, wenn die Ursache derselben nicht am Mangel des Verstandes, sondern der Entschließung und des Mutes

> liegt, sich seiner ohne Leitung eines anderen zu bedienen. Sapere aude! Habe Mut, dich deines eigenen Verstandes zu bedienen! ist also der Wahlspruch der Aufklärung."[34]

Doch auch die kanonischen Quellen selbst belegen die Legitimität einer Aufklärung des Islam. Die muslimischen Reformer berufen sich auf verschiedene Koranverse, in denen nach ihrer Überzeugung die Muslime zur Reform (*iṣlāḥ*) innerhalb ihrer Gemeinde aufgerufen werden. Zwei dieser Koranstellen, in denen Gott die Menschen davor warnt, Unheil auf der Erde anzurichten, nachdem er diese durch die ausgesandten Propheten in Ordnung gebracht hatte, sind die Verse 56 und 85 der Sure 7. Nach verbreiteter islamischer Vorstellung werden auch die Propheten als Reformer betrachtet, die im Auftrag Gottes die Menschen zu der von Gott geschaffenen natürlichen Art (*fiṭra* Koran 30:30) zurückzuführen versuchten. Eine weitere Koranstelle, auf die sich alle modernen Reformer berufen, ist Sure 11, Vers 88:

> „Ich will nichts als für Ordnung sorgen, soweit ich es (eben) vermag."

R. Parets hier zitierte Übersetzung des Wortes *iṣlāḥ* mit „Ordnung" mag als zu frei erscheinen. Merad übersetzt diesen Begriff im Französischen mit dem Verb *réformer*, wobei er sich dabei auf die Übersetzung von R. Blachère stützt.[35] Mir scheint die zweite Übersetzung passender zu sein, da es an sich nicht darum geht, „für Ordnung zu sorgen", sondern um eine Rückkehr zum Koran durch die Wiederbelebung seiner Lehren gemäß dem kulturellen Horizont der jetzigen Zeit.

Laut Koran sind die Reformer (*muṣliḥūn*) diejenigen, die

Gott fürchten, weshalb sie das Gute gebieten und das Böse verbieten (Koran 2:160). Gott verspricht den Reformern auch, dass ihre Bemühungen, den Menschen den Weg Gottes zu zeigen, im Jenseits belohnt würden (Koran 28:18 und 42:40). Im Koran werden die beiden Begriffe *iṣlāḥ* (reformieren) und *fasād* (Unheil) in deutlichen Kontrast gesetzt. Ein *mufsid* ist jemand, der Unrecht tut und Unheil auf der Erde anrichtet:

> „Und sie sind (überall) im Land auf Unheil bedacht. Aber Gott liebt die nicht, die Unheil anrichten." (Koran 5:64; vgl. 2:220).

Im Koran steht, dass Gott weder das Unheil liebt noch diejenigen, die dafür sorgen (Koran 2:205 und 5:64). Die *mufsdūn* (Pluralform) seien am Ende die Verlierer und würden im Jenseits für ihre Taten hart bestraft (Koran 2:27 und 27:14).

Auch in der Tradition des Propheten wird *iṣlāḥ* große Bedeutung beigemessen, und zwar im Sinne einer Erneuerung. So soll der Prophet beispielsweise gesagt haben:

> „Alle hundert Jahre sendet Gott dieser Gemeinde einen [Gelehrten], der ihre Religion erneuert (*man yuǧaddid lahā dīnahā*)." [36]

Im Koran taucht Reform mit dem Begriff *iṣlāḥ* auf, in der Sunna hingegen mit *taǧdīd* (Erneuerung). Beiden Worten ist gemein, dass sie eine Wiederbelebung und Erneuerung der Lehre des Islam meinen.

In diesem Kontext möchte ich einige Beispiele dafür anführen, wie Muslime diesen Begriff definieren. Die *Enzyklopädie der arabischen Termini* beschreibt *iṣlāḥ* als

> „die Rückkehr zur Wahrheit und deren Befreiung von Irrtum, der mit der Zeit in sie eingedrungen ist. *Reform* ist die Entfernung unerlaubter Neuerungen sowie der Irrtümer der Unwissenden. Der religiöse *iṣlāḥ* ist die Läuterung des Islam, seine Rückführung auf den Koran und die Tradition des Propheten sowie die Rückbesinnung auf das Handeln der rechtschaffenen Vorfahren.“[37]

Muḥammad ʿAbduh (1849–1905), der als Ahnherr der modernen Reformbewegungen gilt, bezeichnet mit „Reform“ die Wiederbelebung dessen, was unerlaubte Innovationen zunichte gemacht hätte. Dies geschehe durch die „Rechtleitung“ (*hidāya*) der Muslime zur Religion, wofür die Gelehrten zu sorgen hätten. Mit „Rechtleitung“ war gemeint, den „Weg der ersten Stunde“ erneut zu beschreiten. „Reform“ sei also auch die Wiedererrichtung dessen, was unbedachte Sitten und Gebräuche zerstört hätten. Der Gegenpol zu *iṣlāḥ* ist für ʿAbduh *fasād*. Dies sei ein Aufruf dazu, sich vom Weg Gottes, seines Propheten und der Gläubigen zu entfernen. In seinem Kommentar zu Sure 5, Vers 65 („Aber Gott liebt die nicht, die Unheil anrichten“) bezeichnet er die Taten der Menschen entweder als gut oder böse. *Iṣlāḥ* liege im Guten und *fasād* im Bösen.

In einem anderen Werk erklärt ʿAbduh, dass Gott seinen Gesandten Muḥammad geschickt habe, da jener die dringende Notwendigkeit von Reformen für die Menschen gesehen hätte. Schon der Prophet sei also ein Reformer gewesen. Der Koran habe die Menschen dazu aufgerufen, sich zu bilden. Die Gelehrten sollten sie auf den Weg der Rechtleitung durch das Gebieten des Guten und Verbieten des Bösen führen. Hierbei beruft sich ʿAbduh auf Sure 3, Vers 104.[38] Malcolm H. Kerr fasst den reformistischen Ansatz des ägyptischen Gelehrten in zwei

Punkten zusammen: Erstens bestehe *iṣlāḥ* in der Befreiung des Denkens von Nachahmung sowie in der Rückführung der religiösen Lehre auf die Originalquellen. Es gehe hier vor allem um die Betrachtung von Religion als ein System zur Verwirklichung sozialer Ordnung. Zweitens betreffe *iṣlāḥ* die Reform der arabischen Sprache.[39] ʿAbduh war ein erklärter Gegner des Dogmatismus. Für ihn standen die Offenbarung und die Vernunft in Harmonie miteinander. Seine Reformideen wollte er vor allem im Bildungswesen und in der islamischen Theologie durchsetzen. Die Lehren des Koran und der Sunna seien wieder in den Mittelpunkt zu rücken, nachdem sie im Laufe der Zeit mehr und mehr vernachlässigt wurden.

Bislang haben es die Muslime nicht gewagt, gegen ihre selbst verschuldete Unmündigkeit vorzugehen. Bis heute wird eine Kritik des Koran in seiner politischen Form aus der medinensischen Periode (622–632) nicht zugelassen. Auch die Kritik des Propheten als historische Figur wird vehement abgelehnt, obwohl er nur Mensch (Koran 18:110) mit menschlichen Fehlern und Schwächen war.

Seit Jahrhunderten wehren sich viele Muslime gegen jeden Versuch zur Reform des Islam. Aus unbegründeter Furcht lehnt man die Reformierbarkeit des Islam vehement ab. Durch den Verzicht auf individuelles Räsonieren bleibt nur der Gehorsam gegenüber veralteten Denksystemen und der Autorität der Gelehrten. Die Furcht vor dem Neuen in der eigenen Religion scheint unermesslich zu sein. Historische Fesseln prägen die kollektive Identität der Muslime. Jeglicher Kritik des Islam wurden im Laufe der Geschichte die Wege versperrt, sei es durch die politisch Herrschenden, die konservativen Gelehrten oder die Laien. Diese drei Mächte bestimmen bis heute den Ablauf der Geschichte des Islam.[40] Und jeder, der gegen den

Strom schwimmt, wird bedroht oder bezahlt sogar mit dem Leben. Die Geschichte des Islam ist eine Geschichte der Unmündigkeit, denn die Muslime waren bis heute darauf bedacht, sowohl im Privaten als auch im Öffentlichen zu gehorchen.

Ohne reformatorische und aufklärerische Beschäftigung mit dem Islam und seinen kanonischen Schriften – und zwar auch von innen her, religionsskeptisch, religionskritisch – kann es keine Renaissance gegeben. Meines Erachtens muss sich nicht nur der Islam reformieren, sondern die Muslime müssen anfangen, ihre Religion zu erlernen. Aus erkenntnistheoretischer Sicht sind der Islam beziehungsweise die Lehren des Koran unhaltbar und lassen sich – ohne Uminterpretation – heute nicht mehr anwenden. Aufklärerisch zu sein heißt zunächst einmal, mit dem Dogma zu brechen, dass Nichtmuslime „Ungläubige" sind. Man könnte anerkennen, dass andere Religionen auf Augenhöhe und prinzipiell als gleichwertig anzusehen sind.

7. Reform des Islam bedeutet seine Anpassung an die Moderne.

Die Vorreformbewegung zur Wiederbelebung des Islam (*as-salafiyya*), welche sich im 18. und 19. Jahrhundert fast überall in der islamischen Welt zu Wort meldete, war nicht von Erfolg gekrönt. Reformer, die eine Rückkehr zu den Lehren des „reinen“ Islam des 7. Jahrhunderts predigten, wie etwa Ǧamāl ad-Dīn al-Afġānī (1838–1897), Muḥammad ʻAbduh (1849–1905) und Muḥammad Rašīd Riḍā (1865–1935), waren nicht in der Lage, die kulturellen Identitätstraumata, die durch den Zusammenprall mit der westlichen Moderne verursacht worden waren, zu heilen. Dieser angeblichen Renaissance (*nahḍa*) fehlte trotz ihres Ankämpfens gegen die Stagnation der islamischen Kultur der kritische Geist. Nicht zuletzt scheuten sich die Gelehrten vor einer konstruktiven Auseinandersetzung mit der Geschichte des Islam, da sie eine Sehnsucht nach der Rückkehr in die von ihnen völlig idealisierte Ursprungszeit des 7. Jahrhunderts hegten.

Das sogenannte Erwachen des Islam (*ṣaḥwat al-islām*) und die vehemente Ablehnung der westlichen Kultur durch die Erben dieser Reformbewegung, wie etwa den Begründer der Muslimbruderschaft Ḥassan al-Banna (1906–1949) und den Theoretiker des aktivistischen Islamismus Sayyid Quṭb (1906–1966), mündete in neofundamentalistische Bewegungen und in das globale Terrordesaster. Die von ihnen verbreitete Angst vor der westlichen Moderne machen sich insbesondere die Salafisten zunutze. In seiner salafistischen Ausprägung ist der Islam heute eine der Ursachen für die systematische Verbreitung von Gewalt in der Welt. Die Angst vor der Moderne ist aber auch im sunnitischen Islam allgegenwärtig.

Die Notwendigkeit einer konstruktiven Auseinandersetzung mit der eigenen islamischen Kulturtradition, dem „Erbe" (*at-turāṯ*), durch eine historisch-kritische Hermeneutik bleibt unausweichlich.[41] Wir Muslime müssen unser religiöses Erbe frei erforschen, denn dies ist die wichtigste Voraussetzung für die Reform des Islam. Diese Aufgabe stellt sich heutzutage schärfer und heftiger denn je, weil es darum geht, einen europäischen Islam zu etablieren. Ein europäischer Islam bleibt den Grundsätzen der westlichen Moderne fremd, solange er nicht in der Lage ist, erstens die eigene historische Genese seit seiner Entstehung im 7. Jahrhundert kritisch aufzuklären und zweitens einen konstruktiven Dialog mit Andersdenkenden innerhalb der muslimischen Gemeinde wie auch mit nichtmuslimischen Mitmenschen aufzunehmen. Nur einem pluralistisch verfassten Islam kann es gelingen, von den anderen Religionsgemeinschaften anerkannt zu werden.

Der klassischen Vorreformbewegung und ihren islamistischen Erben ist es nie gelungen, den systematischen Gehalt der Religion gemäß der Gegenwart zu interpretieren. Sie war auch nicht imstande, den Islam für die Fragen der Muslime fruchtbar zu machen. Die Ahnherren der angeblichen Renaissance kündigten der Vernunft den Krieg an und verursachten einen geistigen Stillstand durch ihre unbedingte Fokussierung auf die Rückkehr zum „wahren Islam" zwischen 610 und 661 n. Chr. Ihre Bewegung war eine rein religiöse Reformbewegung, die es sich zum Ziel gesetzt hatte, die Religion in ihrer „ursprünglichen Form“ wiederzubeleben, nämlich durch die Rückkehr zum Koran und zur Tradition des Propheten. Mit anderen Worten: *Reform* in diesem Sinne ist die Entfernung unerlaubter Neuerungen sowie der Irrtümer der Unwissenden. Die religiöse Renaissance war für sie die Läuterung des Islam, seine Rückführung auf den Koran und die Tradition des Propheten sowie die Rückbesinnung auf das Handeln der rechtschaffenen Vorfahren.

In der gesamten Literatur der modernen Reformbewegung ist die Rede von Rückkehr (*ruğūʿ*) zum Koran und zur Tradition des Propheten allgegenwärtig. Deswegen werden die Anhänger dieser Schule manchmal der Rückständigkeit (*passéisme*) bezichtigt, weil sie die Gegenwart vernachlässigten.[42] Selbstverständlich lässt sich solch ein Ansatz der Rückkehr auch durch den Koran selbst untermauern (Koran 5:3 und 6:38). Erstens dadurch, dass die Religion des Islam im Koran als vollständig gilt. In ihr werde nichts übergangen. Dieser Verstehensansatz ignoriert jedoch die Lebenswelt der Menschen in ihrer jeweiligen Situation. Darüber hinaus riefen die Vertreter der islamischen Vorreform zu Anwendung der Vernunft im muslimischen Diskurs auf, jedoch scheuten sie zurück, wenn es um die kritische Vernunft in Sachen Religion ging. Für sie galten die kanonischen Lehren; an diese sollten die Muslime glauben und sie nicht reflektierend hinterfragen. Auch ihre Kritik konzentrierte sich darauf, wie die Muslime im Laufe der Geschichte die Lehre des Islam missverstanden haben sollen. Allerdings muss betont werden, dass der Terminus Missverständnis in dem Fall eher eine klassisch relativierende Vorgehensweise ist, die keine theorie- und praxisorientierten Lösungen für die seit Jahrhunderten andauernde Sinnkrise des Islam anbieten kann.

Der Diskurs der Vorreformbewegung wird gerade dadurch charakterisiert, dass er dem historischen Entwicklungsprozess im Laufe der Jahrhunderte überhaupt kein Interesse schenkte. Ihre apologetische Überzeugung führte die Reformer zu der Meinung, dass die islamische Lehre nur schlecht umgesetzt sei und die Muslime die Verantwortung dafür trügen. Diese Hoffnungsträger der islamischen Renaissance waren einfach nicht imstande, den Islam oder zumindest einen Teil seiner Lehren infrage zu stellen. Somit reduzierten sie den Islam auf die historische Praxis der Muslime und vergaßen dabei, dass die Religion auch eines sinnstiftenden Gehalts für das Handeln der Menschen bedarf. Der Islam als Religion ist nicht von den Taten der Menschen zu trennen, weil sie sich an seinen Grundsätzen orientieren.

Gewiss erkannten die muslimischen Kleriker die Notwendigkeit der Einführung neuer Impulse in die Lehre des Islam. Für sie war allerdings der Offenbarungsglaube zentraler als der Vernunftglaube, deshalb waren sie nicht in der Lage, anhand der historisch-kritischen Methode die eigene religiöse Identität in ihrem historischen Entwicklungsprozess seit dem 7. Jahrhundert zu prüfen. Es ging ihnen als religiöse Autorität in erster Linie um die Wiederherstellung des Offenbarungsglaubens und seiner Festigung. Solch eine Vorreform ist als Schritt nach hinten zu betrachten und keine Realisierung einer idealen Zukunft, ganz zu schweigen von einer friedfertig diskursiven Begegnung mit dem Anderen. Eine historisch-kritische Erforschung der Theologie des Islam und seiner Geschichte als Grundlage einer Renaissance wurde nie unternommen. Deshalb blieben das freie Denken und die reflektierende Kritik verboten, was den Graben zur Moderne und zum Humanismus vertiefte.

Die Reform des Islam ist keine Renaissance des Islam mit

dem Ziel, die Religion in ihrer „ursprünglichen Form“ wiederzubeleben. Hinter der Reform des Islam steht auch nicht der Wunschtraum einer Islamisierung der Moderne, welcher die westliche Zivilisation und ihre Grundwerte vehement ablehnt. Das Ziel ist vielmehr die Modernisierung des Islam und seine Anpassung an die westliche Kultur.

8. Islamkritik ist keine pauschale Ablehnung des islamischen Glaubens.

Die Islamkritik als integraler Bestandteil einer Reform des Islam will bewusst die Wahrheit des konservativen Islam durch eine Analyse seiner Machteffekte, Handlungsmechanismen und Intentionen infrage stellen. Sie will die Manipulation religiöser Texte zu ideologischen Zwecken offenlegen. Die Islamkritik ist unterfüttert mit den Erfahrungen aus der Lebenswelt der Muslime im Westen. Die hier geborenen und sozialisierten Muslime definieren sich beispielsweise zumeist nicht als Sunniten oder Schiiten, sondern schlicht als Muslime. Sie sind Beispiel dafür, dass sich kein Muslim sklavisch den Regeln einer Konfession unterwerfen muss. Westliche Muslime können die Angelegenheiten ihrer Religion souverän in eigener Regie übernehmen. Die Kritik des Islam will den Muslim in seiner nicht durchdachten Unmündigkeit analysieren. Die Islamkritik entspricht dem, was Kant als „Aufklärung" bezeichnet hat. Beide Termini heben auf das mündige, kritische Individuum ab.

Im Hocharabischen sprachen liberale Autoren während der letzten vier Jahrzehnte nicht von „Islamkritik", sondern von „Selbstkritik" (*an-naqd aḏ-ḏātī*). Bewusst wurde der Begriff „Islamkritik" vermieden. Denn der Islam, seine kanonischen Quellen und der Prophet seien nicht zu kritisieren. Der muslimische Diskurs scheint die Kritik des Islam zu fürchten. Denn durch die Islamkritik würde das Fundament des Glaubens erschüttert. Deshalb bleiben die Religion des Islam und ihre Symbole ein Tabu. Kritiker der herrschenden Überzeugungen des offiziellen Islam werden zu Feinden erklärt und immer wieder durch Gewaltmaßnahmen zum Schweigen gebracht.

Wenn der Klerus bis heute als Wahrheitshüter des Islam angesehen wird, dann erklären sich leicht die Abwehrreaktionen gegen alle Versuche, die islamische Religion im Lichte der Gegenwart zu verstehen. Der traditionelle Diskurs wird stattdessen hagiografisch dogmatisiert. Er konkurriert heutzutage nicht nur mit dem Korantext und der Tradition des Propheten, sondern versperrt jegliche neuen Wege für eine humanistische Islamkritik. Ständig wird alles daran gesetzt, eine Berührung mit der Moderne und der Kultur des Westens nachdrücklich zu vermeiden. Die Angst vor dem Verlust kultureller und religiöser Identität führt dazu, dass man abgeschirmt von fremden Einflüssen unter sich bleiben will. Bestes Beispiel sind die sogenannten Parallelgesellschaften, die mit dem laizistischen Rechtsstaat konkurrieren.[43]

Ohne kritische Reflexion wird der islamische Glaube zu einer gefährlichen Religion, besonders wenn die religiöse Wahrheit als absolut, unantastbar und unveränderlich dargestellt wird. Deshalb muss jegliche Rede von Wahrheitsbesitz innerhalb aller Religionen relativiert werden. Niemand ist im Besitz der exklusiven Wahrheit.

9. Der Koran als Gotteswort ist im Laufe der Jahrhunderte zum Menschenwort geworden.

Gottes Wort ist nicht nur die Rede Gottes durch die Offenbarung des Koran an den Propheten Muḥammad, sondern auch ein Menschenwort durch die Verkündung dieses Wortes durch den Gesandten Muḥammad an seine Mitmenschen im 7. Jahrhundert. Muḥammad war Verkünder einer neuen Religion und zugleich der erste Exeget in der Geschichte des Islam, der darum bemüht war, seinen Mitmenschen die Offenbarung durch seine eigene Interpretation verständlich zu machen.

Das Gotteswort wurde im Laufe der Jahrhunderte durch die Exegese diverser Gelehrter ergänzt. Dadurch gewann der Koran den Status eines Menschenworts: Seit jeher haben sich die Muslime untereinander in Form von verschiedenen Interpretationen gemäß ihrer jeweiligen Situation über die Heilige Schrift verständigt. Der Mensch ist somit der Gestalter des Gotteswortes, und damit bekommt dieses menschliche Züge, die seine Göttlichkeit relativieren. Genauer gesagt: Der Koran ist die göttlich offenbarte Rede Gottes. Der Mensch ist jedoch nicht nur der Empfänger, sondern er ist derjenige, der den Koran verschriftet, gedeutet und weitervermittelt hat.

An einigen Textstellen wird der Koran als „Rede Gottes“ bezeichnet (Koran 2:75, 9:6 und 48:15). Zwei Verse betonen, dass Gottes Wort unendlich ist (Koran 18:109 und 31:27). Theologen diskutierten nun heftig darüber, ob der Koran als Gottes Rede „ewig“ ist oder nicht. Die herrschende Meinung in der islamischen Theologie besagt, dass der Koran nicht „erschaffen“ wurde, sondern „ewig“ ist. Jedoch ist der Koran in menschlicher Sprache auf Arabisch formuliert (Koran 26:195 und 46:12), und durch die Rezitation des Koran in der ersten in Mekka offenbarten Sure (Koran 96:1) beginnt er, eine menschliche Gestalt anzunehmen (Koran 73:2–5).

Das Szenario der „Eingebung“ (*waḥy*) des offenbarten Koran geschah in Form eines Aktes der Kommunikation, so lautet zumindest die Sichtweise des Koranwissenschaftlers Abu Zaid. Die Verbindung zwischen Gott, dem „Sender“, und dem Menschen als „Empfänger“ soll mündlich zustande gekommen sein, ehe daraus wiederum ein Text entstand. Dieses Verhältnis zwischen „Sender“ und „Empfänger“ ist also nichts anderes als ein Dialog. Darauf verweist die zuerst geoffenbarte Koranpassage (Koran 96:1–3), laut der es zu einem Dialog zwischen Gabriel und Muḥammad gekommen sein soll. Beginnend mit dem Propheten sind die Muslime diejenigen, die durch ihre Auslegung den Koran zu einem Menschenwort gemacht haben. Auch der Kodifizierungsprozess während der Herrschaft des dritten Kalifen Uṯmān (reg. 644–656), der zu dem kanonisierten Korantext (*muṣḥaf*) führte, befreit das Gotteswort von seinem sakralen Status und rückt es in den Bereich des Menschenworts. Bei der Sammlung der bisher verstreuten Koranaufzeichnungen wurde der Koran im Dialekt der Geburtsstadt des Propheten Muḥammad redigiert. Die historische Chronologie der offenbarten Suren wurde nicht in Betracht gezogen. Andere existierende Koranexemplare wurden vernichtet und ein autoritativer Korantext wurde festgelegt. Erst am Anfang des 10. Jahrhunderts jedoch kam es zu dem finalen vokalisierten Korantext. Der historische Entwicklungsprozess von Redaktion und Vokalisierung des Koran verweisen deutlich auf den menschlichen Einfluss auf das Wort Gottes.

Durch die Exegese befreiten die Muslime den Koran von seinem monologischen Aspekt als Rede Gottes in Form eines Imperativs. Trotz dieser kontinuierlichen Lebendigkeit des Korantextes als Menschenwort wird er schlicht auf das Gesprochene, das Geschriebene und das Memorierende reduziert. Solche rituell pluralen Erscheinungsformen des Korantextes im alltäglichen Leben der Muslime haben möglicherweise dazu geführt, dass der Koran nicht mehr als in Menschenwort verlängertes Gotteswort empfunden wurde und somit von den Muslimen nicht mehr gemäß ihrer jeweiligen Welt in einem exegetischen Kommunikationsmodus rezipiert werden konnte.

Die Wandlung vom Gotteswort zum Menschenwort manifestiert sich im Prozess der Wandlung vom Korantext zum Text der Auslegung. Dies wird deutlich illustriert in der muslimischen Wissenstradition der Koranexegese, denn ihr geht es in erster Linie darum, den Koran sprachlich und religiös zu deuten, damit religiöse Lehren aus dem Korantext abgeleitet werden können. Muslimische Korankommentatoren haben sich für die sinnstiftende Kraft des kommunikativen Aspekts des Korantextes als Menschenwort nicht besonders interessiert. Sie setzten sich mit der Koransprache als Medium der religiösen Darstellung auseinander und begnügten sich damit, nur den religiösen Sinn daraus abzuleiten.

Der Koran ist ein historisches Produkt seines Kulturhorizonts, denn er ist historisches Zeugnis eines vitalen Dialogs, der sich zwischen dem Propheten und seiner zeitgenössischen Hörerschaft vollzog. Muḥammad war der erste Muslim, der den Koran zum Menschenwort machte, indem er bei seiner Vermittlung und seiner Deutung seinem menschlichen Sprachstil und seiner individuellen Ausdruckweise folgte. Er kommentierte den Koran in der Sprache und der Vorstellungswelt seiner Mitmenschen im 7. Jahrhundert. Der Koran lässt sich also ohne Exegese nicht begreifen. Auch die muslimische Exegese des Koran im Laufe der Jahrhunderte befreit den Koran von seiner historischen Entstehungssituation als Gotteswort wie auch von dem Verstehenskontext des Propheten und führt dazu, dass der Koran verschiedentlich und kontextabhängig interpretiert wurde. Daher ist der Koran nicht mehr die Rede Gottes geblieben, sondern er wurde zum immer wieder neu formulierten Menschenwort als Produkt der jeweiligen historischen Situation.

Diese Erkenntnis erlaubt es den Muslimen, den Koran neu zu denken. Die Reduzierung des Koran auf das Gotteswort hingegen ist der Beginn seiner Dogmatisierung und der Anfang des Abschiedes von einer freien Koranexegese.

10. Wer den Koran respektiert, kann ihn nicht wortwörtlich nehmen.

Der Koran ist angewiesen auf das menschliche Verstehen und auf seine Exegese. Die Muslime waren im Laufe der Jahrhunderte nicht nur Rezipienten der koranischen Botschaft, an der sie sich in ihrem Alltag orientierten. In verschiedensten historischen Situationen hat man sich darum bemüht, den Koran jeweils neu und zeitgemäß zu interpretieren. Dadurch erst wurde der islamische Glaube weltlich erfahrbar. Der Muslim ist also nicht nur Adressat des Koran als religiöses Buch. Er ist auch derjenige, der seine eigene, auf seiner Vernunft basierende Koraninterpretation mit dem Koran als Gotteswort sowie mit früheren Korandeutungen anderer Muslime in verschiedenen Epochen in Einklang bringen muss.

Selbstverständlich ist das jeweilige Vorverständnis der eigenen Kultur tief in den Denkformen aller Muslime verankert. Der Koran als Text transportiert also immer auch die Kultur seiner Exegeten. Entsprechend vermitteln die Korandeutungen im westlichen Kontext die Erfahrungen ihrer westlichen Exegeten, denn die Muslime dort werden von der westlichen Kultur beeinflusst. Die Muslime im Westen sind niemals nur unbeteiligte Zuschauer. Sie können nicht nur „Museumsführer" sein, wenn es um die Auslegung des Koran geht. Sie müssen den Koran gemäß der Normen der westlichen Kultur verstehen und interpretieren. Durch ihre aktive Teilnahme an der westlichen Kultur bereichern sie den Koran nicht nur mit ihrer Lebenserfahrung als Muslime, sondern sie bringen ihre westliche Sozialisation in ihren Korandeutungen zur Geltung.

Das gilt auch für den religiösen Kontext, in dem die Muslime sich im Westen bewegen. Die Zeit ist gekommen, dass die Muslime ihre Umwelt sowie die darin existierenden Religionen und Weltanschauungen nicht allein aus der Perspektive des Islam betrachten. Solch eine Betrachtungsweise lässt den Islam als eine in sich verschlossene Religion erscheinen, sodass er als eine absolute Religion erlebt wird, welche alle Nichtmuslime negiert. Die westlichen Muslime brauchen den Austausch mit anderen Religionen und deren Erfahrungen, damit sie sich selbst als Muslime definieren können.

Der heutige Muslim soll den Koran nicht wortwörtlich, sondern beim Wort nehmen. Das bedeutet, dass man einzelne Worte des Koran nicht von ihrem sprachlichen Entstehungskontext isolieren kann, sondern ihren Sinn immer in einem kontextuellen Rahmen verstehen muss. Wörter können in veränderten Situationen durchaus neue Bedeutung bekommen, denn auch die Sprache ihrer Interpretation unterliegt ständigen Veränderungen. Den Koran *wortwörtlich* zu nehmen würde heißen, ihn ohne seinen historischen Kontext auf die Gegenwart anzuwenden. Den Koran *beim Wort* zu nehmen hingegen heißt, seine Kernaussage zu verstehen und danach zu handeln. Besonders die reflektierte Vernunft macht die Erfahrung mit dem Koran lebendig und realitätsnah und löst den Glauben von seiner unreflektierten, lediglich vererbten Identität. Die Vielfalt der Interpretation durch Einzelne macht den Glauben unendlich vital. Es ist den Muslimen sogar erlaubt, manche Aussagen des Koran abzulehnen, indem sie erkennen, dass der politisch-juristische Koran aus der medinensischen Epoche nicht mehr zu der jetzigen Lebenswelt passt. Man darf auch die These vertreten, dass der Koran – bei dem es sich ja, wie in der letzten These beschrieben, auch um ein Menschenwort handelt – aufgrund einzelner umstrittener Passagen, beispielsweise über die Legitimierung von Gewalt, die Unterdrückung der Frau oder den Besitz des absoluten Wahrheitsanspruchs, nicht kritiklos hinnehmbar ist. Ebenso kann man die Meinung vertreten, dass Gottes Wort als Menschenwort im jeweiligen historischen Kontext zu verstehen ist. Da die Koraninterpretation von fehlbaren Menschen aufgeschrieben wurde, darf diese nicht kanonisiert werden. Es handelt sich hierbei nur indirekt um Gottes Wort, das von verschiedenen Menschen in unterschiedlichen Epochen verfasst wurde. Und somit kann man den Gedanken wagen, dass das Gotteswort ein Menschenwort geworden ist und deshalb relativ ist.

Wer den Koran respektiert, kann ihn nicht wortwörtlich nehmen. Der Koran wäre nur totes Wort, würde er nicht durch die Interpretation des Zeitgeistes lebendig gemacht werden. Es geht also um das richtige Verhältnis von Gotteswort und Menschenwort. Weil Gottes Wort nur durch Menschenwort verstanden wird, ist es eben auch missverständlich und muss immer wieder neu gedeutet werden.

Selbstverständlich kann solch eine These für viele fromme Muslime schockierend sein. Jedoch muss betont werden, dass diese nicht im Widerspruch zu der Überzeugung steht, dass der Koran Gottes Wort ist. Deshalb sollten wir Muslime den Koran nicht wortwörtlich nehmen, wohl aber beim Wort nehmen. Und „nicht wortwörtlich nehmen“ heißt in diesem Fall auch, nicht so zu leben wie im 7. Jahrhundert, sondern im Hier und Jetzt.

11. Die Muslime müssen den Koran wieder zu einem Buch des Friedens machen.

Spätestens seit dem islamistischen Terrorangriff am 11. September 2001 auf das World Trade Center in New York gilt der Aufruf, den Koran neu zu denken, als ein vordringliches Desiderat für die Erziehung und Bildung der Muslime in der arabisch-islamischen Welt und in den muslimischen Gemeinden im Westen. Das katastrophale Ereignis hat ins Bewusstsein der Menschen gebracht, dass der Islam nicht nur Frieden bedeutet, sondern auch ein verheerendes Gewaltpotenzial aufweist, gerade wenn seine Anhänger von fundamentalistischen Gruppierungen zu politischen Zwecken instrumentalisiert werden.

Das politisch motivierte Töten durch Islamisten ist heute weltweit ein Bestandteil des Alltags der Menschen. Der Islam erlebt eine Sinnkrise und der Koran – als seine wichtigste kanonische Quelle, auf den sich die Islamisten bei ihren Gewalttaten berufen – muss gemäß der jetzigen Situation neu reflektiert werden. Das gilt nicht nur für die Muslime in der islamischen Welt, sondern auch für die Muslime im Westen, die in ihrem Glauben einen Rettungsanker gegen den Verlust der eigenen Identität zu finden hoffen. Doch der Koran beinhaltet nicht nur religiöse Botschaften von Frieden, Nächstenliebe und Toleranz, sondern auch Aufrufe zu Hass, Mord und Unterdrückung.

Es reicht nicht, lediglich darauf zu bestehen, dass der Koran „eigentlich“ eine Lehre des Friedens sei – die Muslime müssen den Koran neu denken, damit er wieder zu einem Buch des Friedens wird.

Dabei muss es die Aufgabe dieser Interpretationen und Reinterpretationen des Koran sein, ihn von ideologischen Manipulationen und politischem Missbrauch durch konservative und salafistische Strömungen zu befreien. Der Paradigmenwechsel von einem Koranverständnis als Gotteswort zu einem Koranverständnis als Menschenwort will bewusst das Neu-Denken und Hinterfragen dieses Textes provozieren und jedem Einzelnen ermöglichen. Den Koran modern und humanistisch zu reflektieren heißt, seine ethische Dimension zu erneuern und wiederzubeleben.

Sogar der Koran selbst verpflichtet die Menschen dazu, seine Verse zu reflektieren. In der Sure 47, Vers 24 ist die Rede davon, dass sich die Muslime Gedanken über den Koran machen sollen, sonst wären sie gegen jede Einsicht versperrt (vgl. auch Koran 2:82).

12. Nur als Grundbuch einer humanistischen Ethik ist der Koran ewig und zeitlos.

Am 18. Januar 1985 wurde der sudanesische Mystiker Maḥmūd Ṭāha im Alter von 75 Jahren vor tausenden Zuschauern gehängt. Die Anklage des Obersten Gerichts von Sudan lautete „Apostasie". Die Empörung in der westlichen Welt über das Urteil war groß. Muslimische Gelehrte hingegen, wie etwa der ultrakonservative Gelehrte ʻAbd al-Azīz Ibn al-Bāz (1910–1999) in Saudi-Arabien, beglückwünschten die Machthaber im Sudan zur Exekution des „Ketzers" und „Gottesfeindes". Die Ermordung Ṭāhas war jedoch kein Einzelfall, sondern lediglich ein weiteres tragisches Beispiel für die Bekämpfung der Freiheit des Denkens in der islamischen Geschichte.

Ṭāha war Freidenker. Er wagte den reformatorischen Schritt, in seinem Werk *Die zweite Botschaft des Islam* einen Teil des Korantextes zu kritisieren und sich davon zu distanzieren. Seines Erachtens kann nur der in Mekka offenbarte Koran (610–622) als zeitlos gelten, weil dieser universal sinnstiftende Lehren im ethischen Sinne beinhalte. Dagegen habe Muḥammad als Staatsmann einer irdischen Gemeinde in Medina (622–632) situationsbedingte Koranstellen verkündet, die in ihrem historischen Wirkungskontext zu begreifen seien. Diese Verordnungen der zweiten Epoche besäßen als historisch-politisches

Modell nur eine auf das 7. Jahrhundert begrenzte, temporäre Gültigkeit.[44] Der Reformer Ṭāha kann damit als ein Verfechter eines humanistischen Islam gelten, der den politischen Aspekt des Korantextes einer zeitlichen Beschränkung unterwerfen wollte. Er setzte pointiert Akzente auf die ethischen Werte des Islam einerseits und die historische Situationsbezogenheit des medinensischen Koran andererseits. Er thematisierte, wenn auch nur indirekt, selbst eines der Tabuthemen des innerislamischen Diskurses, nämlich das Phänomen der Gewaltanwendung gegenüber Andersgläubigen – ein Tabu, das heutigen Extremisten als Legitimationsgrundlage dient.

Die Unterscheidung zwischen dem ethischen und dem politisch-juristischen Koran ist eine der wichtigsten Grundlagen für eine Reform des Koran und die Wiederbelebung des humanistischen Islam. Der politisch-juristische Koran ist in der Zwischenperiode der Offenbarung in Medina entstanden und war zur Organisation der nach der Auswanderung des Propheten im Jahre 622 von Mekka nach Medina entstandenen Gemeinde gedacht. Es war wahrlich ein sehr mutiger Ansatz von Ṭāha, den mekkanischen Koran gegenüber dem medinensischen zu bevorzugen. Allerdings muss deutlich darauf hingewiesen werden, dass auch im medinensischen Koran einige ethische Suren zu finden sind. Daher scheint mir eine Unterscheidung zwischen einem ethischen und einem politisch-juristischen Koran plausibler. Man kann zwischen dem lebendigen, noch gültigen und dem veralteten, vergänglichen Koran sachlich differenzieren.

Der mekkanische Koran und ein Teil des in Medina offenbarten Koran beinhaltet die Ge- und Verbote Gottes in gottesdienstlichen Handlungen sowie Normen, die der Leser auch im Alten und Neuen Testament findet. Allerdings muss angemerkt werden, dass die zehn Gebote der Juden und der Christen als verbindlicher Verhaltenskodex im Koran nicht zu finden sind. Dennoch gibt es eine ganze Reihe von Werten im ethischen Koran, welche die Muslime als Normensystem zu respektieren und in ihrer Lebensweise zu beachten haben: Der Hochmut ist sündhaft (Koran 4:173); der unbedachte Missbrauch des Namen Gottes ist sträflich (Koran 2:224); Gerechtigkeit soll die Grundlage des Handelns eines Muslims sein (Koran 5:8); das Töten anderer Menschen ist strikt verboten (Koran 4:93). Letzteres Gebot kam bereits im mekkanischen Koran vor (Koran 6:161 und17:33). Noch deutlicher wird das Verbot des Selbstmords formuliert:

> „Tötet nicht euch selber! Gott ist euch gegenüber voll Erbarmen. Und wer das tut, aus Feindseligkeit und Frevel, den werden wir im Höllenfeuer schmoren lassen.“ (Koran 4:29–30, vgl. auch 2:195)

Daraus leiten muslimische Gelehrte ein Verbot von Selbstmordattentaten und des Tötens unschuldiger Menschen ab. Besonders in der mekkanischen Sure 17, Vers 22 bis 39, stehen eine Reihe von ethischen Normen, die als Parallelen zum hebräischen Dekalog gelten können.

Die Liste solcher ethischer Werte im gesamten Korantext kann beliebig verlängert werden. Es steht fest, dass diese Verse zeitlos sind und die Möglichkeit eröffnen, aus dem Islam eine friedliche Religion zu machen. Imame sollten sie in den Moscheen predigen, damit diese als Fundament für ein friedliches und tolerantes Zusammenleben zwischen den Muslimen untereinander und mit anderen dienen können.

Im medinensischen Koran hingegen stehen viele Koranpassagen, die letztendlich ein großes Hindernis für die Entwicklung der Muslime und für ihr Zusammenleben untereinander und mit anderen sind. Imame könnten in den Moscheen deutlich auf deren historischen Kontext hinweisen sowie auf die Tatsache, dass diese Koranpassagen Gefahren heraufbeschwören, wenn die Muslime danach leben.

Zum medinensischen Koran gehören die sogenannten Schwertsuren, in denen die Muslime aufgerufen werden, gegen die Juden, die Christen und die Ungläubigen Krieg zu führen (Koran 2:191, 2:216, 3:195, 4:89, 4:91, 5:33, 9:29, 9:73 und 33:61). Auch die Körperstrafen (*ḥudūd*) als juristische Begründung für Sanktionen wie das Abhacken der Hände bei Diebstahl (Koran 5:38) oder das Auspeitschen derjenigen, die Unzucht begehen (Koran 24:2), sind ein Bestandteil dieses Koran, ebenso wie die Kopfsteuer, die zur Erniedrigung der „Leute der Schrift" (Juden und Christen) diente. In diesem Koran findet man die sattsam bekannten, politisch motivierten Themen wie den Aufruf zur Gewalt gegen andersdenkende Menschen, die Diskriminierung der Frau, beispielsweise im Erbrecht, und das Verbot der Adoption.

Der medinensische Koran, der rechtlich, politisch und militärisch vom 7. Jahrhundert inspiriert ist, passt absolut nicht mehr zur heutigen Situation der Muslime. Der menschliche Entwicklungsprozess zeigt deutlich, dass viele der darin enthaltenen Vorschriften ein Hindernis nicht nur für die Muslime, sondern für alle Menschen sind. Ich plädiere deshalb für die Aufhebung des politisch-juristischen Koran durch den ethischen Koran. Das bedeutet konkret, dass sich die Muslime nicht mehr an jenem orientieren sollen. Diese Sichtweise kann durch die sogenannte Lehre der Abrogation untermauert werden. Hierbei handelt es sich um eine Methode der Koranexegese, die auch in der klassischen Wissenstradition zu finden ist und letztendlich dazu dient, Widersprüchlichkeiten innerhalb des Korantextes zu tilgen. Die Koranstellen des politisch-juristischen Koran können mit dieser Methode durch die ethischen Koransuren außer Kraft gesetzt werden. Sie können dann nur noch historisch-kritisch in ihrem Entstehungsfeld begriffen werden und spielen keine besondere Rolle mehr im Alltag der Muslime.

Der politische und juristische Koran aus Medina ist in erster Linie für die Gemeinde des Propheten im 7. Jahrhundert gedacht gewesen und aus der heutigen Sicht längst überholt, deshalb muss er in seinem historischen Kontext verstanden werden. Einfacher gesagt: Solch ein Koran ist nicht mehr anwendbar. Die Unterscheidung zwischen dem humanistisch-ethischen und politisch-juristischen Koran ist heute unentbehrlich. Dadurch wird nicht nur die Macht der konservativen Muslime eingedämmt, sondern die Barbarei der Islamisten kann durch die Macht des Wortes bekämpft werden. Besonders die salafistischen Islamisten legitimieren ihre Gräueltaten nämlich mit dem politisch-juristischen Koran.

Das reformatorische *sola scriptura* ist auch für die Reform des Islam ein theologischer Grundsatz. Allein auf der Grundlage des humanistisch-ethischen Koran können die Muslime unter sich und mit anderen in Europa Frieden schließen. Die ethischen Normen dieses Koran sind sowohl im Alten wie auch im Neuen Testament zu finden. Dieser Koran ist die verbindende Brücke zwischen Muslimen und Nicht-Muslimen. Der humanistisch-ethische Koran reicht als Grundlage für den muslimischen Glauben. Er erklärt sich aus sich selbst heraus, deshalb dürfen die muslimischen Gelehrten nicht mehr behaupten, sie seien die einzige religiöse Autorität, die den Koran auszulegen imstande sind. Das Schriftprinzip bedeutet auch, dass jeder Muslim, der lesen und schreiben kann, selbst den mekkanischen

Koran verstehen, interpretieren und danach handeln kann. Dass der humanistisch-ethische Koran zur alleinigen Wissens- und Handlungsquelle aller Muslime in religiösen Fragen wird, führt dazu, dass weder die früheren noch die zeitgenössischen Gelehrten letzte religiöse Instanzen sind.

Wenn es um die Klarheit der koranischen Schrift geht, dann kann man sagen, dass der ethische Koran der einzige Koran ist, an den die Muslime glauben und nach dem sie sich richten können. Dieser Koran ist Weisheit (Koran 62:2).

13. Der Islam ist keine universale Religion, denn der Koran ist eine an die Araber adressierte Religionsschrift.

Der in der Geburtsstadt (Mekka) des Propheten offenbarte Koran zeigt deutlich, dass Muḥammad im 7. Jahrhundert n. Chr. als Verkünder einer neuen Religion zu seinem eigenen Volk auf der arabischen Halbinsel gesandt wurde. Auch Verse aus den medinensischen Suren verweisen darauf, dass der Prophet ein Warner und Rechtleiter der damals in Medina und dessen Umgebung lebenden Menschen war. Nun lässt sich selbstverständlich die Frage stellen, ob die koranische Eingebung nur an die Araber gerichtet war. Betont der Korantext etwa die ethnische Abstammung der Araber bei der Verkündigung des Islam? Denn es könnte ja sein, dass der Islam die Religion der Araber allein ist. Ein weiterer Gedanke scheint mir in diesem Kontext legitim: War etwa der Islam eine nur für die Araber gedachte Religion, weil sie auf Arabisch verkündet wurde? Solch ein Gedanke würde mit größter Wahrscheinlichkeit den Leser dazu verleiten, die Frage zu stellen, ob der Islam überhaupt Ansprüche des Universalismus haben bzw. seine Verbreitung unter anderen Völkern anstreben sollte. Für diese These können einige Koranverse sowie die chronologische und kontextuelle Einordnung bestimmter koranischer Termini Aufschluss geben.

Yūsuf Darra al-Ḥaddād (1913–1979), ein syrischer Korangelehrter, hat meines Wissens zum ersten Mal auf die ethnische Beschränkung der koranischen Offenbarung anhand des Korantexts selbst verwiesen, allerdings ohne dabei die Chronologie der koranischen Offenbarung zu beachten.[45] In der westlichen Koranwissenschaft ist dem katholischen Theologen Hans Zirker der Hinweis auf die eingeschränkte Adressatenschaft der koranischen Offenbarung und seine situationsbedingte Partikularität zu verdanken, jedoch betont dieser schließlich dennoch die Universalität der islamischen Religion.[46]

Zunächst: Der Name der Geburtsstadt des Propheten – „Mekka" – kommt ein einziges Mal im gesamten Koran vor. Hierbei handelt es sich um die medinensische Sure namens *Der Erfolg* (Koran 48:24), die chronologisch als 108. Sure geoffenbart wurde. Darin geht es um die politische Auseinandersetzung zwischen dem Propheten und den mekkanischen Paganen. Veranlasst von einem Traum (Koran 48:27) machte sich Muḥammad in Begleitung seiner Anhängerschaft auf den Weg zu einer „kleinen Pilgerfahrt" nach Mekka. Nach einigen Verhandlungstagen kam es im März 628 an der Grenze des heiligen Bezirkes in Mekka bei dem Vorort al-Ḥudaibiyya zur Aushandlung eines zehnjährigen Friedensvertrags.[47]

Bemerkenswert ist auch eine weitere Bezeichnung der Stadt Mekka – Umm al-qurā (wörtlich: „Die Mutter der Dörfer").[48] Dieser Begriff taucht dreimal im gesamten Korantext auf, allerdings nur in der mekkanischen Periode, der hierfür chronologisch analysiert wird. Über die Sure 28 Vers 59 besteht eindeutiger Konsens unter den muslimischen Korankommentaren, dass es hier bei Umm al-qurā um die Geburtsstadt des Propheten Mekka geht. Denn der Angesprochene ist Muḥammad, der von Gott als Prophet zur Verkündigung der Koranverse zu seiner

Gemeinde gesandt wird. Unerklärlich bleibt es, warum die Koranübersetzer R. Paret und H. Bobzin beide Umm al-qurā hier mit dem Wort „Hauptstadt" übersetzt haben. An dieser Stelle ist jedoch eindeutig, dass Muḥammad nur den Einwohnern der Stadt Mekka die Koranverse verkündet.

In Sure 42, Vers 7 der mekkanischen Koranperiode ist zu lesen:

> „Und so haben wir dir einen arabischen Koran (als Offenbarung) eingegeben, damit du die Hauptstadt (d. h. Mekka) und die Leute in ihrer Umgebung warnst, [...]. "

Paret ist genauer, denn er verweist darauf, dass es sich hierbei um die Geburtsstadt des Propheten Mekka handelt und übersetzt den Namen Umm al-qurā mit dem Wort „die Hauptstadt". Bobzin verwendet bei seiner Übersetzung die Bezeichnung „die Mutter der Städte". Solch ein Koranvers ist wieder ein deutlicher Hinweis darauf, dass die Verkündung des Propheten im Kern geografisch klar definiert ist. Er solle seine Landsleute in Mekka und in ihrem Umkreis anhand der arabischen Offenbarung vor dem Jungsten Tag warnen. Den muslimischen Koranexegeten zufolge wurde Muḥammad der Koran als Offenbarung auf Arabisch eingegeben, damit die damaligen Araber seine Beweise und Ermahnungen bei seiner Verkündung verstehen. Die Menschen in Mekka und dessen Umgebung sollen in ihrer Muttersprache gewarnt werden.

Der Mu'tazilit az-Zamaḫšarī (1070–1144) ist der Meinung, dass dem Propheten genau vorgeschrieben wurde, die Grenzen der Warnung und Ermahnung seiner Landsleute nicht zu überschreiten.[49] Der sunnitische Theologe ar-Rāzī (1149–1209) scheut sich mit Bezug auf Sure 42, Vers 7 nicht davor, die Frage zu stellen, ob Muḥammad nur zu seinem Volk gesandt wurde oder zu allen Menschen in der ganzen Welt. Seiner Ansicht nach bedeutet der Wortlaut, dass die eingegebene Offenbarung nur dem Volk des Propheten vorzutragen ist. Auch dies deutet darauf hin, dass Muḥammad nicht für alle Menschen zum Gesandten bestellt wurde. Ar-Rāzī (1149–1209) betont allerdings, dass der Vers nicht ausschließt, dass der Prophet zu allen Menschen und nicht nur zu den Arabern gesandt wurde. Auch er bestätigt, dass diese Stelle (Koran 42:7) ausdrückt, dass der Prophet zu seinem eigenen Volk gesandt wurde, zitiert aber auch eine andere Koranstelle (Koran 34:28), die darauf hinweist, dass Muḥammad den Menschen allesamt ein Verkünder froher Botschaft und ein Warner sei.[50]

In der Koranhermeneutik unterscheidet man zwischen Versen, die „allgemein" (*'āmm*) oder „eingeschränkt" (*ḫāṣṣ*) gelten.[51] Ziel des Korangelehrten ist es, eingeschränkte beziehungsweise speziell gehaltene Koranbotschaften zu verallgemeinern. Ob ein solches Vorgehen in unserem Fall überhaupt berechtigt ist, darf man bezweifeln. Denn es werden in Vers 7 der Sure 42 gezielt die Menschen von Mekka und die damals in der Umgebung lebenden Bewohner angesprochen.

Der von ar-Rāzī intertextuell zitierte Beweis (Koran 34:28) aus der mekkanischen Periode für den Universalismus der Botschaften der Offenbarung enthält den Terminus „Menschen" (*am-nās*), im wörtlichen Sinn „Leute". Korangelehrten ist es gelungen, Sprache, Ausdrücke und Themen im Korantext einer bestimmten Offenbarungsperiode des Koran – Mekka oder Medina – zuzuordnen. Wir wissen zum Beispiel ganz genau, dass in den medinensischen Suren die Menschen mit der Bezeichnung „Ihr Gläubigen" (*yā ayyuhā allāḏīna āmanū*) angesprochen werden.[52] Koranverse jedoch mit dem Ausruf „Ihr Menschen!"

(*yā ayyuhā n-nās*), worin auch das Substantiv „Mensch" enthalten ist, sind eine Eigentümlichkeit des mekkanischen Koran.[53] Darüber herrscht selbst unter den muslimischen Korangelehrten Konsens, wie etwa bei dem renommierten Gelehrten as-Suyūṭī (1445–1505) in seinem Werk *Die Vollendung in den Koranwissenschaften*. Dieser Erkenntnis nach sprach der Prophet aber keine Angehörigen anderer Religionen, sondern nur die Mekkaner an. Man weiß anhand des Korantextes, dass Muḥammad mit seiner Verkündigung unter den mekkanischen Paganen begann, denn damals waren die Araber heidnisch. Auch in der medinensischen Sure (Koran 4:79) ist die Rede von „Menschen" im Sinne von arabischen Leuten, für die Gott Muḥammad als Gesandten bestellte. Und auch hier geht es um das Volk des Propheten.

In einem anderen Vers (Koran 21:107) der mekkanischen Periode ist die Rede von Muḥammad, den Gott den „Menschen in aller Welt" (*al-ʿālamīn*) nur aus Barmherzigkeit gesandt hat. Interessant ist, dass der Korankommentator aṭ-Ṭabarī (839–923) deutlich darauf hinweist, dass sich die muslimischen Exegeten über die Exegese dieses Koranverses nicht einig waren. Sollte es sich bei der bezeichneten Gruppe um die gesamte Menschheit handeln, zu der Muḥammad gesandt wurde? Der Korankommentator vertritt schließlich die unter den Muslimen verbreitete Meinung, dass der Prophet zu allen Menschen gesandt wurde.[54] Doch wir wissen mit Gewissheit, dass Muḥammad am Beginn seines Prophetentums nur zu den heidnischen Arabern gesandt wurde (seine Landsleute in Mekka waren damals Polytheisten).

Die Auslegung könnte sich zwar schwierig gestalten, denn es wurde kein Offenbarungsanlass durch einen historischen Hinweis überliefert. Al-Ḥaddād bezweifelt, dass der Terminus

„Menschen in aller Welt" ein deutlicher Hinweis auf den universalen Aspekt des Islam sei, und verweist dabei auf zwei intertextuelle Koranbeweise aus derselben Sure, ohne diese zu analysieren.[55] Deshalb möchte ich in diesem Zusammenhang von dem intertextuellen Methodenansatz Gebrauch machen – nach dem Prinzip „im Koran erläutert ein Teil den anderen Teil" – und die zwei von al-Ḥaddād genannten Koranverse kurz erörtern. Denn diese essenziellen intertextuellen Verse aus derselben Sure könnten möglicherweise mehr Klarheit verschaffen, indem sie den Begriff „die Menschen in aller Welt" geografisch einschränken. Mit demselben Thema befasst sich auch die Sure 21 *Die Propheten*, bei der es sich um ein polyphones Religionsgespräch zwischen dem Verkünder und seiner Hörerschaft handelt.

Im Vers 10 der Sure 21 werden die Mitmenschen des Propheten angesprochen:

> „Wir haben doch eine Schrift [Koran] zu euch hinabgesandt, in der ihr gemahnt werdet (w. die eure Mahnung enthält). Habt ihr denn keinen Verstand?"

Gott habe ihnen doch eine Schrift hinabgesandt, worin eine Mahnung ausgesprochen wird, damit sie begreifen, dass Muḥammad der Prophet Gottes ist. Mit der mahnenden Schrift ist die koranische Offenbarung gemeint.[56] Hierbei muss jedoch mit Nachdruck betont werden, dass der Vers eine deutliche Antwort ist auf die Behauptung der Mekkaner im Vers 6. Darin heißt es, die Offenbarung sei lediglich eine „Wirrnis von Träumen", die Muḥammad ausgeheckt hat, und dieser sei nur „ein Dichter". Auch grammatikalisch gesehen verweisen die Personalpronomen „ihr" im Nominativ und „zu euch" im Dativ darauf, dass es sich um die mekkanischen Mitmenschen des Propheten handelt. Darüber ist sich die gesamte muslimische Koranexegese einig. Noch deutlicher wird der Vers 24 derselben Sure:

> „[…] Sag: Bringt doch euren Beweis vor! Das (was ich euch vortrage) ist eine Mahnung für diejenigen, die mit mir leben, ebenso für die, die vor mir gelebt haben. Aber die meisten von ihnen wissen über die Wahrheit nicht Bescheid und wenden sich ab."

Aṭ-Ṭabarī zufolge soll Muḥammad in diesem Vers zu den heidnischen Mekkanern sagen, sie mögen einen Beweis für ihre Behauptungen beibringen, wenn sie im Recht zu sein glauben. Der Koran sei eine Mahnung für seine eigenen Leute. Und er beinhalte auch Erzählungen vorheriger Völker.[57] Diese Sichtweise wird übrigens auch von einem weiteren Koranexegeten vertreten.[58] Solche Kommentare zu diesem Vers lassen den Leser auf eine plausible Art und Weise zur Erkenntnis gelangen, dass die Offenbarung schlicht für die Mitmenschen des Propheten herabgesandt wurde. Darüber hinaus lässt sich daraus auch erschließen, dass mit dem Satz „die vor mir gelebt haben" nicht eine Verkündigung Muḥammads an die Angehörigen anderer monotheistischer Religionen gemeint ist.

Die Argumentation der kulturell situationsbedingten Verkündigung und der klar auf eine ethnische Umgebung bezogenen Adressatenschaft wird in der vorletzten offenbarten Sure der mekkanischen Periode (Koran 6:92) aufgegriffen, in der die Rede von „Umm al-qurā" ist. Es handelt sich hier um eine wortwörtliche Wiederholung des zuvor erwähnten Verses 7 aus Sure 42. Allerdings handelt es sich an dieser Stelle um eine Offenbarung als Bestätigung (*taṣdīq*) vorheriger Offenbarungen.

Muḥammad solle die Mutter der Städte (Mekka) und die Leute in ihrer Umgebung warnen. Ein solcher Koranvers betont mit Nachdruck die festgeschriebene regionale und kulturelle Umgebung der Verkündigung. Es lässt sich feststellen, dass die Offenbarung des Koran eine Bestätigung von göttlichen Schriften früherer Propheten ist, deren Botschaften an die damalige Situation in Arabien angepasst werden. Deshalb sei es die Aufgabe des Propheten, mit der Verkündigung der koranischen Offenbarung seine arabischen Mitmenschen an die früheren göttlichen Schriften zu erinnern.

Weitere intertextuelle Termini aus dem koranischen Kontext, welche den universalen Geltungsanspruch aufheben und deutliche Akzente auf seine unübersehbar kulturcharakteristischen Wirkungsfelder setzen, weisen deutlich darauf hin, dass die Verkündigung der Offenbarung nur für das Volk des Propheten gedacht ist. Hierbei handelt es sich um einen erkenntnistheoretischen Ansatz des Korantextes, der pointiert festlegt, dass jede Gemeinde einen eigenen Gesandten hat und dass Muḥammad der Prophet der Araber war. Es werden nur die Koranpassagen berücksichtigt, die kontextuell mit dem vorliegenden Sachverhalt zu tun haben. Genauer gesagt: Gleiche Termini beziehungsweise Koranverse mit einem völlig anderen Korankontext werden trotz ihrer sinnerweiternden Wiederholung nicht berücksichtigt.

Bei den Versen 1 bis 10 der Sure 36 der zweiten Periode handelt es sich um einen Bericht über die Warnung, die der Prophet zu verkünden hat:

> „damit du ein Volk [mit dem Koran] warnst, dessen Väter noch nicht gewarnt wurden. Daher sind sie ahnungslos.“ (Koran 36:6)

Hier wird Muḥammad durch einen Schwur Gottes erinnert, dass er ein Gesandter ist. Seine Aufgabe sei es, sein „eigenes Volk“ (*qawm*) zu warnen. Diese Gemeinde habe keinen Verkünder von Gottes Botschaften erlebt, bis der Prophet Muḥammad zu ihnen kam.[59] Ein weiterer Korankommentator ist der Meinung, dass die damaligen Araber von früheren Gesandten Gottes wussten. Allerdings stammte keiner der Gesandten von ihnen.[60] Auch in einer Sure (Koran 23:44) der mekkanischen Periode ist die Rede davon, dass Gott so oft einen Gesandten zu seiner Gemeinschaft (*umma*) kommen ließ, den sein Volk der Lüge zeihte. Solch ein ablehnendes Verhalten der Mekkaner gegen sich und seine Verkündigungen erfuhr auch Muḥammad.

In der mekkanischen Sure 32, Vers 3 werden die Vorwürfe der Mekkaner gegenüber dem Propheten behandelt, dieser habe sich den geoffenbarten Koran ausgedacht. Der Koran, so sagt der Vers, sei die Wahrheit Gottes, auf dessen Geheiß er sein Volk, zu welchem vorher noch kein Warnender gekommen sei, warnt. Es herrscht Konsens unter den muslimischen Korankommentatoren, dass der an Muḥammad offenbarte Koran zweifellos von Gott stammte. Selbst hat er ihn sich nicht ausgedacht. Zum Volk des Propheten, den Quraišiten, war vorher kein Verkünder einer göttlichen Botschaft gekommen, der sie gewarnt hätte.[61] In Vers 36 der Sure 16 derselben Periode wird der Fachterminus „Gemeinschaft“ (*umma*) wieder aufgegriffen und deutlich darauf hingewiesen, dass Gott in jeder Gemeinschaft einen Gesandten schickt, damit er das Volk mahne, Gott zu dienen und nicht den Götzen. So wurde auch Muḥammad zu seinem eigenen Volk, nämlich den arabischen Paganen von damals, mit einer Offenbarung gesandt.[62] Auch in einer weiteren Sure (Koran 10:47) wird deutlich darauf hingewiesen, dass jede Gemeinschaft einen eigenen Gesandten hat. [63]

Anhand der erörterten mekkanischen Koranverse lässt sich deutlich konstatieren, dass Gott die Koranoffenbarung auf einen bestimmten historischen und geografischen Kontext einschränkt. Und somit lässt sich anhand des mekkanischen Korantextes nicht nur die ethnische Zugehörigkeit des Propheten feststellen, sondern auch, dass seine Verkündigung der göttlichen Botschaften an sein eigenes Volk gerichtet war. Al-Ḥaddād zitiert unter anderen einen Koranvers aus der mekkanischen Periode als Beweis für die geografische Situation der koranischen Botschaft. In Vers 89 der mekkanischen Sure 16 geht es um den auf den Propheten hinabgesandten Koran, damit er die Menschen (*an-nās*, wörtlich „Leute“) rechtleite. Seiner Meinung nach spricht der Terminus (*an-nās*) nicht unbedingt von der Universalität der koranischen Botschaft, sondern bezieht sich schlicht auf die zeitgenössischen Mitmenschen des Propheten, die Araber.[64] Diese Sichtweise ist auch vertretbar, wenn man bedenkt, dass der Terminus „Menschen“ verwendet wird, was eine Eigenschaft des mekkanischen Koran ist, im Vergleich zum Begriff „die Gläubigen“ im medinensischen Koran.

Einige Beispiele aus dem mekkanischen Korantext über die Eschatologie weisen deutlich darauf hin, dass Muḥammad ein Gesandter Gottes für sein Volk war und nicht für andere Völker. In Vers 84 der Sure 16, die bereits weiter oben genannt wurde, ist zu lesen, dass Gott am Tag des Jüngsten Gerichts von jeder Gemeinschaft (im Sinne von Volk) einen Zeugen (*šāhid*) auferwecken wird. Man kann leicht erahnen, dass hier der Prophet Muḥammad als Zeuge seines eigenen Volks – der Araber – gemeint ist. Die Frage wird deutlich in einem der darauffolgenden Verse derselben Sure (Koran 16:89) erklärt:

> „Und am Tag (des Gerichts), da wir in jeder Gemeinschaft einen Zeugen aus ihren eigenen Leuten gegen sie auftreten lassen, und wir dich als Zeugen über die da (d. h. über deine ungläubigen Zeitgenossen) bringen."

Zwar wiederholt der erste Satz noch Vers 84, es wird aber hier im Anschluss exakt aufgezeigt, dass Muḥammad der Zeuge seines Volkes im Jüngsten Gericht sein wird. Aṭ-Ṭabarī weist darauf hin, dass Gott jeder Gemeinde einen Gesandten schickt, damit die Leute ihm gegenüber Gehorsam zeigen. Deshalb sei der Prophet der Zeuge seiner eigenen Gemeinde im Jenseits.[65]

Auch Koranverse aus der medinensischen Periode bezeugen die Rolle des Propheten als Verkünder vor seinem eigenen Volk. Dieser zentrale Gedanke aus der mekkanischen Periode wird weitergeführt und auch unter den Leuten von Medina deutlich propagiert. Trotz der politischen Ansprüche des Propheten als Staatsmann lässt der Korantext erfahren, dass die Religion des Islam keinen Anspruch auf den Universalismus bei der Verbreitung des Islam verfolgte.

Hierfür können vier Beispiele angeführt werden: Vers 3 der Sure 164 ist zu entnehmen, dass Gott sich um die Gläubigen verdient gemacht hat, als er damals unter ihnen einen Gesandten aus ihren eigenen Reihen auftreten ließ. Bemerkenswert ist im Vergleich zu dem mekkanischen offenbarten Koran, dass weder der Begriff „Gemeinschaft" noch „Leute" im Sinne von Volk verwendet wird, sondern der Terminus „Gläubige" (*al-mu'minūn*). Dieser Koranterminus als Merkmal des medinensischen Koran spricht alle Gläubigen als Muslime an, sowohl die ausgewanderten Mekkaner (*muhāǧirūn*) als auch die Helfer (*anṣār*) aus Medina. Aṭ-Ṭabarī verweist darauf, dass Gott den Gläubigen Gnade erwiesen hat, indem er ihnen einen

Propheten aus ihrer Mitte sandte und dieser auch ihre eigene Sprache spricht. Würde ein Prophet aus einem anderen Volk gesandt, würden sie ihn nicht verstehen. Die Sendung Muḥammads war ein Akt der Barmherzigkeit Gottes für sein eigenes Volk, damit es aus der Finsternis ins Licht geführt und auf dem geraden Weg rechtgeleitet würde.[66] Interessanterweise spricht ein weiterer Korankommentator hierbei deutlich über „das Volk der Araber“, dem Gott einen Gesandten aus seinen eigenen Reihen schickte.[67]

Auch in Vers 41 der Sure 4 wird auf die eschatologische Bedeutung der Propheten als Zeuge ihrer Gemeinschaften für Taten im Jenseits abgehoben. Aus jedem Volk wird Gott einen Gesandten als Zeuge seiner Gemeinschaften auftreten lassen, heißt es da. Und Muḥammad würde der Zeuge seines Volkes sein, der bezeuge, ob dieses die Gebote und Verbote beachtet habe.[68] Auch in der vorletzten offenbarten Sure in der medinensischen Periode ist im vorletzten Vers (Koran 9:128) die Rede von dem Gesandten, der aus „euren eigenen Reihen zu euch gekommen ist“. Er sorge sich um sie und sei zu den Gläubigen gütig und barmherzig. Aṭ-Ṭabarī ist der Meinung, dass es sich hier um die Araber handelt, bei denen Gott einen Gesandten aus ihrer Mitte auftreten ließ.[69] Auch ein weiterer Korankommentator ist der Auffassung, dass in diesem Vers die Araber angeredet werden. Denn er spricht ihre Sprache und sie können ihn und seine Botschaften verstehen.[70] Also ein fundierter Beweis dafür, dass Muḥammad der Prophet der Araber ist. Von anderen Völkern hingegen ist hier nicht die Rede, also auch nicht von einem universalen Anspruch des Islam.

Ebenso ist in der letzten offenbarten Sure der mekkanischen Periode (Koran 5:3) zu lesen:

„[…] Heute habe ich euch eure Religion vervollständigt (so dass nichts mehr daran fehlt) und meine Gnade an euch vollendet, und ich bin damit zufrieden, dass ihr den Islam als Religion habt. […]"

Nun, wer wird in diesem Vers angesprochen? Was bedeutet das zweite Personalpronomen im Plural? Zweifelsohne ist der Redner der Prophet Muḥammad, der seine arabische muslimische Gemeinde auf die Vollendung des Islam hinweist. Zunächst lässt sich feststellen, dass kein anderes Volk angesprochen und somit der behauptete Universalismus der islamischen Religion bedenkenlos außer Kraft gesetzt wird. Es handelt sich hier um eine Koranstelle, die während der sogenannten Abschiedswallfahrt des Propheten im Jahre 632 in Mekka, genauer gesagt circa 82 Tage vor seinem Tod am 8. Juni 632, verfasst wurde.[71] In dieser Koranstelle ist von der Vollendung der muslimischen Glaubensordnung die Rede, wobei mit Nachdruck betont wird, dass die Religion der Gläubigen bzw. der neuen arabischen Muslime ihre religiös hinreichende Ordnung erlangt habe. Ein Korankommentator vertritt die Sichtweise, dass die Angesprochenen im Vergleich zu den anderen Religionen die Gemeinde des Propheten sind, die Gott ausgewählt hat.[72]

Schließlich möchte ich auch die grundlegende Funktion des sprachlichen Aspekts bzw. die Rolle des Arabischen in der koranischen Offenbarung als die *lingua franca* des damaligen Arabiens erörtern, denn der Korantext betont in seinem Selbstverständnis, dass er eine verständliche Schrift sei, in der arabischen Sprache formuliert und in der Sprache der Araber verkündet. Die Betonung des Arabischen lässt sich als eigentliches Indiz dafür verstehen, dass der Koran keinen überzeugenden Beweis für den Universalismus des Islam liefert. Denn

Muḥammad als Verkünder einer göttlichen Offenbarung war der Gesandte Gottes an sein damaliges Volk. Genauer gesagt: Es ist eine eindeutig erkennbare Eigenheit des Koran, dass er als mitgeteilte Botschaft in arabischer Sprache auf die Araber als Adressaten ausgerichtet ist. In diesem Sinne könnte sich der Islam als ethnisch eingegrenzte Offenbarung erweisen, welche nicht an die gesamte Menschheit gerichtet ist[73] und somit auch nicht mit anderen Religionen konkurrieren will.

Mehr noch: Dieser Vers (Koran 14:4) drückt einen zentralen Gedanken im Korantext aus, der sogar den universalen Aspekt im Judentum aufhebt. Denn der darauffolgende Vers (Koran 14:5) bringt mehr Klarheit in die Frage, ob der Koran bzw. die Thora universale Botschaften sind.

> „Einst sandten wir Mose mit unseren Zeichen: Bring dein Volk aus der Finsternis heraus ins Licht, und mahne sie (d. h. deine Volksgenossen) an die Tage Gottes […]"

Dieser Koranvers ist nichts anderes als ein deutlicher Hinweis, dass Muḥammad und Mose als Gesandte ihrer jeweiligen Völker betrachtet werden können. Gewiss steckt dahinter der Gedanke, dass die Universalität der beiden Religionen nicht festgelegt ist, denn die Zuhörerschaft ist deutlich in ihrer kulturellen, ethnischen und regionalen Umgebung eingegrenzt.

14. Das richtige Glaubensbekenntnis des Islam lautet: „Ich bezeuge: Es gibt keinen Gott außer Allah." (Koran 20:14)

Das Glaubensbekenntnis (*aš-šahāda*) des sunnitischen Islam lautet: „Es gibt keinen Gott außer Gott (*allāh*) und Muḥammad ist der Gesandte Allahs." Neben dem Gebet, Almosen, Fasten und der Pilgerfahrt ist das Glaubensbekenntnis die erste der fünf Säulen des Islam. Interessant ist der Unterschied im Glaubensbekenntnis bei den verschiedenen muslimischen Konfessionen. Bei den Sunniten lautet die Formel: „Ich bezeuge, dass es keinen Gott gibt außer Allah und ich bezeuge, dass Muḥammad der Gesandte Allahs ist." In dieser Formulierung wird nicht nur die Einheit Gottes bekräftigt, sondern Muḥammad als Gesandter Gottes bestätigt. Die Sunniten bezeugen dadurch, dass seine Tradition befolgt wird. Die Schiiten hingegen erkennen den ersten und zweiten Teil des islamischen Glaubensbekenntnisses an und fügen einen dritten Teil hinzu: „und ʿAlī ist der Freund Gottes". ʿAlī (reg. 656–661), der Schwiegersohn des Propheten, war der vierte Kalif und wird von den Schiiten als ihr erster Imam verehrt. Sie unterscheiden sich von den Sunniten dadurch, dass sie sich als Anhänger der Familie des Propheten verstehen. Bei der muslimischen Minderheit der Ibāḍiten besteht das

Glaubensbekenntnis ebenfalls aus drei Teilen: „Es gibt keinen Gott außer Gott, dass Muḥammad sein Prophet ist und dass das, was er brachte, das Wahre ist." „Das Wahre" besteht hier im Koran und in der Tradition des Propheten. Diese Unterschiede in den Glaubensbekenntnissen haben mit politischen Auseinandersetzungen unter den Muslimen im 7. Jahrhundert zu tun. Durch ihr jeweiliges Glaubensbekenntnis wollte jede Gemeinschaft ihre religiöse Identität von ihrem jeweiligen Gegner abgrenzen. Jedoch legitimieren solche inhaltlichen Unterschiede im Glaubensbekenntnis die Frage, wie der erste Grundsatz des Islam denn nun wirklich lautet. Und tatsächlich kann der Korantext darauf eine Antwort geben.

Der erste Teil des Glaubensbekenntnisses „Es gibt keinen Gott außer Gott" taucht wörtlich zweimal im gesamten Text auf – in der mekkanischen Sure 37, Vers 35 und in der medinensischen Sure 47, Vers 19, hier als ausdrückliche Akzentuierung der Einheit Gottes (*tawḥīd*). Wenn man also ausschließlich das koranische Glaubensbekenntnis in Betracht zieht, dann könnte man sagen, dass dieses lediglich aus dem ersten Teil der gebräuchlichen Glaubensbekenntnisse besteht – und die Muslime den zweiten beziehungsweise dritten Teil hinzugefügt haben. Und dies kann zu der Schlussfolgerung führen, dass der zweite und dritte Teil nicht zum eigentlichen Glaubensbekenntnis gehören.

Kein einziges Mal im gesamten Koran taucht das Glaubensbekenntnis mit zwei oder drei Teilen auf. Selbstverständlich kommt Muḥammad als Gesandter, Prophet und Warner in verschiedenen Korankontexten vor. Der Vorname des Propheten Muḥammad kommt nur viermal im medinensischen Koran vor. So lautet der Name von Sure 47 beispielsweise Muḥammad. In Sure 61, Vers 6 hingegen wird der Prophet nicht beim Vornamen Muḥammad genannt, sondern „Aḥmad". Zieht man die Chronologie der Offenbarung in Betracht, dann erscheint der Name Muḥammad zum ersten Mal in Sure 47, Vers 3. Darin heißt es, dass seine Anhänger daran glauben, dass das, was auf „Muḥammad" als Offenbarung herabgesandt worden ist, die Wahrheit ist. In Sure 3, Vers 144 wird betont, dass „Muḥammad" nur ein Gesandter Gottes ist und es vor ihm schon verschiedene andere Gesandte gegeben hat. In Sure 33, Vers 40 wird erwähnt, dass „Muḥammad" nicht der Vater von irgendeinem der Männer war, er war der Gesandte Gottes. In Sure 48, Vers 29 ist schließlich die Rede davon, dass „Muḥammad" ein Gesandter Gottes ist.

Alle diese Koranverse enthalten jedoch keinen Hinweis darauf, dass das Glaubensbekenntnis einen zweiten Teil hat. In der medinensischen Sure 3, Vers 18 wird dies sogar deutlich formuliert:

> „Gott bezeugt, dass es keinen Gott gibt außer ihm. Desgleichen die Engel und diejenigen, die das Wissen besitzen. Er sorgt für Gerechtigkeit. Es gibt keinen Gott außer ihm."

Diese Koranstelle ist ein Indiz dafür, dass der Koran mit Nachdruck den Glauben an die Einheit und Einzigkeit Gottes betont. Nicht Gott bezeugt das, sondern seine Engel und diejenigen, die das Wissen darüber besitzen. Es besteht kein Zweifel daran, dass das Glaubensbekenntnis aus der Bezeugung besteht, dass es keinen Gott außer Gott gibt. Die Ergänzung der Muslime, dass Muḥammad der Gesandte Gottes ist oder dass ʿAlī der Freund Gottes ist, ist eher ein postumes Konstrukt. In Sure 6, Vers 151 ist außerdem zu lesen, dass Gott verboten hat, ihm etwas als Teilhaber an seiner Göttlichkeit beizugesellen. Aus Vers 19 derselben Sure geht außerdem hervor, dass Muḥammad als Prophet bezeugt, dass er durch den Koran seine Mitmenschen warnen möchte und dass es keinen Gott außer Gott gibt (Koran 6:19).

Der Akzent auf dem ersten Teil des Glaubensbekenntnisses darf nicht zur Schlussfolgerung führen, dass das Prophetentum Muḥammads abgelehnt wird. Er betont lediglich, dass Muḥammads historische Rolle auf die Verkündigung der Offenbarung beschränkt ist. Deshalb wird auch kein Unterschied gemacht zwischen den verschiedenen Propheten als Gesandten Gottes. Für diese Perspektive sprechen auch zahlreiche Koranverse, die darauf hinweisen, dass die Muslime keine Unterschiede zwischen den einzelnen Propheten machen dürfen. Die Muslime sollen an alle Schriften und Gesandten Gottes glauben. Denn auch anderen Propheten vor Muḥammad wurde offenbart, dass es keinen Gott außer ihn gibt (Koran 21:25). Auch die medinensische Sure *Die Heuchler* untermauert die Sichtweise, dass das wahre Glaubensbekenntnis nur aus seinem ersten Teil besteht:

> „Wenn die Heuchler zu dir kommen, sagen sie: Wir bezeugen, dass du der Gesandte Gottes bist. Gott weiß, dass du wahrlich sein Gesandter bist. Gott bezeugt, dass die Heuchler lügen.“ (Koran 63:11)

An dieser Stelle im Korantext werden diejenigen, die bezeugen, dass der Prophet Muḥammad ein Gesandter Gottes ist, als Heuchler und Lügner bezeichnet. Deutlich geht aus dieser Koranpassage hervor, dass Gott nicht bezeugt, sondern weiß, dass Muḥammad Gesandter Gottes ist. Deshalb darf er jedoch mit der Einheit Gottes nicht konkurrieren. Seine prophetische Aufgabe als Mensch (vgl. Koran 18:110) liegt nur darin, die Botschaft Gottes zu verkünden. Koranvers 63:11 ist ein klarer Beweis dafür, dass das Glaubensbekenntnis aus dem Satz, dass es keinen Gott außer Gott gibt, besteht. Und der Versuch, einen zweiten oder dritten Teil hinzuzufügen, ist nichts anderes als Polytheismus.

15. Der Koran selbst betont die Wahrheit von Thora und Evangelien.

Zwischen den Propheten und Gesandten besteht kein Unterschied. Dieser Sachverhalt wiederholt sich im medinensischen Koran viermal, der zu einer Zeit geschrieben wurde, als der Prophet nicht nur Verkünder einer Religion war, sondern auch als Staatsmann in regen Kontakt mit den Angehörigen anderer monotheistischer Religionen kam. In der ersten in Medina offenbarten Sure 2, Vers 136 ist Folgendes zu lesen:

> „Sagt: Wir glauben an Gott und an das, was zu uns herabgesandt wurde, und an das, was zu Abraham, Ismael, Isaak, Jakob und den Stämmen herabgesandt wurde, und an das, was Mose und Jesus zugekommen ist, und an das, was den anderen Propheten von ihrem Herrn zugekommen ist.“ [74]

Interessanterweise kommt in der islamischen Glaubenslehre (*'aqīda*) der Muslime weder Muḥammad noch der Koran vor. Die Muslime sollen alle Schriften Gottes, wie die Thora und das Evangelium, beachten und auf alle Gesandten Gottes hören. Al-Buḫārī (810–870) berichtet folgende Begebenheit in der Sammlung der Tradition des Propheten:

> „Ein Mann fragte den Propheten: Was ist der Glaube? Er antwortete: Glauben an Gott, seine Engel, seine Schriften, seine Gesandten, den Jüngsten Tag und die göttliche Vorherbestimmung (*al-qadar*), denn das Gute und das Böse kommt von Gott."[75]

Diejenigen, die an diese sechs Grundsätze oder zumindest an einen davon nicht glauben, seien nach al-Buḫārī vom rechten Weg abgekommen.

In der zehnten in Medina offenbarten Koranstelle (Koran 4:152) ist die Rede davon, dass diejenigen, die an Gott und seine Gesandten glauben und keinem von ihnen den Vorzug vor anderen geben, ihren Lohn erhalten werden. Gott sei barmherzig und bereit zu vergeben. Interessanterweise bezeichnet Gott in den zwei vorherigen Versen 150 und 151 diejenigen als ungläubig, die zwischen seinen Gesandten einen Unterschied machen. Daher kann man sagen, dass das eigentliche Wesen des Islam im Glauben an alle Gesandten Gottes und an alle seine Offenbarungen besteht. Alles andere wird als Unglaube bezeichnet.

Tatsächlich enthält der Koran zahlreiche Verse, die darauf hinweisen, dass der Koran nichts anderes ist als eine Bestätigung dessen, was zuvor schon anderen Propheten offenbart wurde. Auch dem Propheten Muḥammad wird aufgetragen, den Glauben an die Schriften Gottes zu verkünden. In der mekkanischen Sure 42, Vers 15 wird dem Propheten befohlen, daran zu glauben, „was Gott bisher vom Buch herniedersandte." In der medinensischen Sure 4, Vers 136 schreibt Gott den Muslimen Folgendes vor:

> „O ihr, die ihr glaubt! Glaubt an Gott und seinen Gesandten und an das Buch, das er auf ihn herabgesandt, und an

> das Buch, das er zuvor herabgesandt hat. Denn wer nicht an Gott und seine Engel, seine Bücher, seine Gesandten und den Jüngsten Tag glaubt, der ist schon sehr weit abgeirrt."

Viele Koranpassagen, sowohl die in Mekka als auch die in Medina offenbarten, konsolidieren den Glauben an die zu unterschiedlichen Zeiten von Gott offenbarten heiligen Schriften. Dies ist darauf zurückzuführen, dass der Koran eine Bestätigung der früheren heiligen Bücher ist. Der Koran betont selbst, dass Altes und Neues Testament wahr sind, da sie ebenfalls von Gott stammen.

16. Muḥammad ist nur ein Mensch wie die anderen Menschen.

Des Öfteren wird im Koran betont, dass Muḥammad ein Mensch ohne Wundertaten sei. Zu Beginn seines öffentlichen Wirkens wird er sogar verspottet (vgl. Koran 73:29–32). Zahlreiche mekkanische Koranverse kolorieren den Verdacht seiner Landsleute, er sei wahnsinnig (*maǧnūn*, vgl. Koran 68:2.51) Verschiedene weitere mekkanische Koranstellen belegen den Vorwurf, der Prophet sei lediglich ein Wahrsager (*kāhin*, Koran 69:4 und 52:29) beziehungsweise ein Magier (*sāḥir*, Koran 38:3) oder auch ein Dichter (*šāʿir*, Koran 53:30 und 37:36)[76]. Selbstverständlich enthält der Korantext aber auch vehemente Zurückweisungen solcher Beschuldigungen.

Interessanterweise übten die Mekkaner solch harsche Kritik am Propheten, weil sie davon überzeugt schienen, dass die während der mekkanischen Koranperiode vorgetragenen Lehren der Offenbarung lediglich das Ergebnis wirrer Träume seien. Muḥammad möge doch ein Zeichen hervorbringen, wie auch die früheren Gesandten mit einem Zeichen gesandt wurden (Koran 21:5). Gewiss war es das Ziel der Mekkaner, den Ruf des Propheten zu schädigen, weil es nicht in ihrem Interesse war, ihre Macht zu verlieren. Auch in einer Sure der mekkanischen Periode (Koran 25:4–7) ist von dem Vorwurf zu lesen, dass Muḥammads koranische Verkündung nichts anderes als Schwindel sei.

> „Sie sprechen: Was hat es wohl mit diesem Abgesandten auf sich? Er nimmt Speisen zu sich und wandelt auf den Märkten.“

Der historische Muḥammad wurde im Laufe der Jahrhunderte von einer theologischen Orthodoxie zur Heilsfigur stilisiert, sowohl als Verkünder der Offenbarung als auch in seiner Rolle als Staatsmann. Doch der Prophet, wie ihn die Sunna zwei Jahrhunderte nach seinem Tod aus ideologischem Interesse darstellt, steht für eine Religion und eine Gesellschaft, die nicht derjenigen des Koran und somit auch nicht derjenigen des historischen Propheten entspricht. Und tatsächlich verschwindet das Bild des menschlichen Muḥammad hinter seiner Mythologisierung. Dem Korantext selbst ist indes zu entnehmen, dass er nur ein Mensch war (Koran 18:110), der immer wieder von Gott kritisiert wurde (Koran 80:1–10, 2:272 und 5:67).

Ich möchte den Akzent auf die Darstellung Muḥammads als eines gewöhnlichen und also fehlbaren Menschen setzen. Ein Reformziel liegt darin, die Person des Propheten von nachträglichen historischen Verfremdungen und Rückprojektionen zu befreien, damit sich seine gerechte historische Rolle als unvollkommener Verkünder einer Religion herauskristallisiert. Das idealisierte Bild vom unfehlbaren Muḥammad übt noch im 21. Jahrhundert gewaltigen Einfluss auf das Leben der Muslime aus. Der Lyriker und Intellektuelle Adonis plädiert deshalb für den zweiten Tod Muḥammads. Seiner Meinung nach fehlt im Vergleich zum Judentum und Christentum im Islam

„die Mordtat am Gründer“. Man könne nicht wirklich über eine Geschichte des Islam sprechen, ohne diesen zweiten Mord am Stifter zu vollziehen.[77]

Die Betonung des historischen und menschlichen Muḥammad will den Islam von seinem hagiografisch dogmatisierten Prophetenbild befreien. Deshalb erscheint der Prophet im Koran auch als Mensch mit einer eigenen Tragik und nicht als Idol.

17. Irren ist menschlich, selbst der Prophet irrte.

In der mekkanischen Sure (Koran 80:1–10) wird der Prophet scharf kritisiert. Während sich Muḥammad im Gespräch mit den Notabeln aus Mekka befindet, tritt ein blinder Mann an ihn heran und will ihn zum Islam befragen. Er jedoch schenkt diesem keinerlei Beachtung:

> „Er [Muḥammad] blickte drein und wandte sich ab, dass der Blinde sich an ihn gewandt. Was lässt dich wissen, ob er sich vielleicht noch läutere oder sich mahnen lasse, dass ihm die Mahnung nütze? Wer aber sich auf seinen Reichtum stützt, dem schenkst du Beachtung, und es stört dich nicht, dass er sich nicht läutert. Der aber, der eilends zu dir kommt und der Gott fürchtet, dem schenkst du keine Aufmerksamkeit."

Der Prophet, so die naheliegende Lesart, solle alle Menschen gleich behandeln und keine Unterschiede zwischen ihnen machen. Auch in zahlreichen anderen Koranversen wird der Prophet immer wieder kritisiert[78] und einige Male sogar wegen seines Umgangs mit seinen Ehefrauen scharf getadelt.[79] Viele Koranverse suggerieren, dass Muḥammad eben nur ein

Mensch war wie alle anderen (vgl. Koran 18:110) – und somit fehlbar.

Bei der Beschreibung Muḥammads als Gesandter Gottes wird erwähnt, dass den Muslimen seiner Zeit auferlegt war, ihm zu gehorchen. Dieser Gehorsam ist mit dem Gehorsam gegenüber Gott verknüpft: „Wenn einer dem Gesandten gehorcht, gehorcht er damit Gott.“ (Koran 4:80, vgl. auch 24:52 und 58:13). Als Prophet musste auch er Gott gehorchen, als Gesandter durfte er jedoch Gehorsam einfordern. Aber nirgendwo ist zu lesen, dass dem Propheten Muḥammad gehorcht werden musste. Daher gilt der Gehorsam nicht dem Propheten Gottes als Mensch Muḥammad, sondern dem Gesandten als Verkünder des Koran. Denn der Prophet wurde lediglich als Gesandter unter ihnen auserwählt (Koran 19:23 und 33:44). Als Prophet ist er allen anderen Menschen gleichgestellt. Wie sie macht auch er Fehler, weshalb es auch legitim ist, ihn in seinem menschlichen Verhalten zu kritisieren.

Der Islam glaubt also nicht an die Person des Propheten, sondern an das, was er als Gesandter verkündete. Dies wird im Koran auch deutlich so formuliert. Gläubig sind diejenigen, die an das glauben, was auf Muḥammad als Offenbarung herabgesandt wurde (Koran 47:2). Deshalb folgen die Muslime nicht dem Propheten in seinem weltlichen Handeln, sondern dem verkündeten Koran (Koran 7:157). Im Koran wird auch mehrmals betont, dass Muḥammad dem folgt, was ihm von Gott als Offenbarung eingegeben wurde (vgl. Koran 6:106).

Kritik an dieser These kann unter Verweis auf den Koranvers 21:33 erhoben werden, in welchem der Gesandte des Islam in seinen Aussagen und Handlungsweisen für alle Muslime als ein nachzuahmendes Vorbild genannt wird:

> „Ihr habt im Gesandten Gottes ein schönes Vorbild für den, der Gott und den Jüngsten Tag erwartet und der Gottes oft gedenkt."

Interessant ist aber, dass die Koranstelle auch hier von Muḥammad als „Gesandten" und nicht als „Propheten" spricht. Der historische Kontext dieser Koranpassage bringt mehr Licht in ihre Bedeutung: Im März 627 kam es zur Allianz der arabischen Stämme, die der Gemeinde des Propheten den Krieg erklärt hatten. Diese Sure ist auch unter dem Namen „Grabenkrieg" bekannt. Muḥammad zeigt zu diesem Zeitpunkt Mut und Tapferkeit bei der Verteidigung seiner muslimischen Gemeinde. Gemäß dieser Koranstelle gilt er also als Vorbild, zunächst aber lediglich im Kampf gegen seine Angreifer. Insofern kann man sagen, dass er als Gesandter Gottes durchaus eine Vorbildfunktion hat: Dadurch dass er nicht nur den Koran verkündet, sondern dass er auch daran glaubt und ihn befolgt. Daraus lässt sich jedoch nicht ableiten, dass Muslime allem folgen müssen, was der Prophet getan hat, und sein Handeln nicht kritisieren dürfen. In einer medinensischen Sure (Koran 2:172) wird sogar deutlich mitgeteilt, dass es nicht Aufgabe Muḥammads sei, die Ungläubigen zum Glauben rechtzuleiten. Vielmehr leitet allein Gott recht, wen er rechtleiten will.

18. Die Tradition des Propheten ist zwei Jahrhunderte nach dem Tod des Propheten aus politischen Gründen entstanden.

Bis heute wird die Tradition des Propheten, die sogenannte Sunna (*as-sunna*), in der muslimischen Wissenstradition, genau wie der Koran, als grundlegende Quelle betrachtet. Obwohl die Sunna nur Aussagen und Handlungen des Propheten beinhaltet, soll durch diese auch das Göttliche artikuliert worden sein. Um diese These zu belegen, fanden muslimische Gelehrte in der klassischen Wissenstradition des sunnitischen Islam passende Koranverse, welche nicht nur zur Betonung der charismatischen Autorität des Propheten dienen, sondern auch die politische Instrumentalisierung seines Redens und Handelns rechtfertigen sollten. Solch ein Verständnis der Tradition des Propheten führt zwangsläufig dazu, dass der Verkünder mit dem Verkündeten in Konkurrenz tritt. Deshalb scheint mir die Frage berechtigt: Hat im Islam das Wort Gottes mehr Gewicht oder etwa die Tradition des Propheten?

Neben dem Korantext gilt auch die Tradition des Propheten den gläubigen Muslimen gemeinhin als Richtschnur in ihrem alltäglichen Leben und als primäre Glaubens- und Rechtsquellen. Neben dem Korantext – der ersten der primären Quellen – ist sie also das Maß aller Dinge, an deren Vorschriften die

Muslime sich orientieren. Eine Aussage des Propheten (*ḥadīṯ*) bedeutet wörtlich „Mitteilung“ und beinhaltet einzelne prophetische Überlieferungen, die im 9. und 10. Jahrhundert in den großen Ḥadīṯ-Sammlungen, ein Genre der islamischen Literatur, von Gelehrten kompiliert wurden. Hierbei handelt es sich um eine Sammlung von Material, das über Muḥammads Aussprüche und Handlungen berichtet. In allen muslimischen Gemeinschaften ist es eine große Sünde, die von der Sunna vorgegebenen Handlungen und Vorschriften zu unterlassen. Die Überzeugung ist: Wenn die Muslime Gehorsam gegenüber der Lehre des Propheten zeigen, dann zeigen sie auch Gehorsam gegenüber Gott. Und alles, was der Sunna des Propheten nicht entspricht, gilt als unerlaubte Innovation (*bid'a*).

Sprachlich gesehen bedeutet der arabische Terminus *as-sunna* „Weg“ beziehungsweise „gewohnte Handlungsweisen von Menschen innerhalb eines Kulturkreises“. In der vorislamischen Zeit bezeichnete man mit *sunna* die Sitten und die Gebräche eines Stammes. Im Islam gewann dieser Terminus allerdings eine neue religiöse Dimension. Es handelt sich bei „der Sunna“ immer um die überlieferten Aussagen und Handlungsweisen des Propheten, wobei man zwischen zwei Arten der Tradition des Propheten unterscheiden kann: Die erste besteht aus dem, was der Prophet getan haben soll. Wenn der Gläubige sich daran hält, dann gilt dies als vortrefflich. Die zweite Art beinhaltet die Taten des Propheten sowie das, was er dazu sagte. Denn es kommt vor, dass der Prophet Dinge befahl, diese aber nicht in die Tat umsetzte. Es ist die Pflicht jedes Muslims, sich an diese zweite Art von Vorschriften zu halten, andernfalls soll er bestraft werden.

Erst zwei Jahrhunderte nach dem Tod des Propheten kam es zur Verschriftlichung seiner Aussagen und Handlungsweisen und die muslimischen Gelehrten sprachen fortan von der „Tradition des Propheten“ (*sunnat a-nabiyy*). Aus ihrer Sammlung von abertausenden Aussagen des Propheten entstanden die sechs Ḥadīṯ-Sammlungen, die bis heute bei den Sunniten einen sehr hohen Stellenwert haben. Aber sind diese wirklich verbindlich? Ist die Sunna vom Koran her legimitiert? Handelt es sich dabei wirklich um eine kanonische Quelle? Oder eher um eine ideologisch motivierte Erfindung der Menschen?

Nun gibt es genügend Koranstellen, welche die Aufgabe des Propheten auf seinen Status als Verkünder des Gotteswortes sowie seine Interaktion zwischen Gott und seiner Gemeinde reduzieren und klar definieren. Demnach gibt es keine andere Quelle des Islam neben dem Koran. Kanonischen Quellencharakter im eigentlichen Sinn hatte im Zeitalter der Prophetie nur die göttliche Offenbarung. Nirgendwo im gesamten Koran findet der Leser den Terminus *sunna* im Sinne einer „Tradition des Propheten“, obwohl er 13-mal in der Singularform und zweimal in der Pluralform vorkommt. Sowohl im mekkanischen als auch im medinensischen Koran ist zuerst die Rede von dem „Brauch“ der früheren Generationen, der vergangen ist (Koran 8:38 und 15:13). In der mekkanischen Sure 18, Vers 55 wird erwähnt, dass die Mekkaner anfangs nicht an die Botschaften Muḥammads glaubten wollten. Für sie galt nur „der Brauch der Altvorderen“. Damit ist gemeint, dass sie nach den Sitten und Gebräuchen ihrer Vorfahren leben wollten.

Eine weitere Konnotation des Begriffs *sunna* in den mekkanischen und medinensischen Suren ist das „Verfahren Gottes“ im Sinne von göttlichen Gesetzen, die nicht von Menschen geändert werden können (Koran 17:77, 35:43 und 48:23). In der medinensischen Sure 33,Vers 62 ist beispielsweise zu lesen:

> „An dem Verfahren Gottes wirst du [Muḥammad] keine Abänderung finden können".

Auch hier ist mit *sunna* sicherlich der Weg Gottes gemeint, auf den die Verkündung des Koran durch den Gesandten führt, und nicht das, was heute als Tradition des Propheten bezeichnet wird. Daher kann die Sunna des Propheten, also sein göttliches Gesetz, einzig der Koran sein. Genauer gesagt: Es gibt keine Sunna des Propheten außerhalb des Koran.

Auch *ḥadīṯ,* der Begriff für eine überlieferte Aussage oder Handlungsweise des Propheten, ist kein Bestandteil der islamischen Religion. Zwar kommt der Terminus *ḥadīṯ* mehrmals in verschiedenen Bedeutungen vor. In der mekkanischen Sure 12, Vers 21 und 101 ist beispielsweise die Rede von *ḥadīṯ* als „Traumdeutung". Interessanter scheint jedoch die Gleichsetzung des Koran mit diesem Terminus. In der mekkanischen Sure 39,Vers 23 wird der Koran als *ḥadīṯ* im Sinne der „Verkündung der Offenbarung" bezeichnet. In zwei weiteren Versen (Koran 45:6 und 77:50) wird der Koran als *ḥadīṯ* im Sinne einer „Verkündung aus Versen" bezeichnet:

> „An was für weitere Verkündung (*ḥadīṯ*) wollen sie denn glauben, nachdem Gott seine Verse zu ihnen gesprochen hat."

Und in der mekkanischen Sure 52, Vers 34 schließlich fordert Gott die Mekkaner heraus: „Sie sollen doch eine Verkündigung (*ḥadīṯ*) gleicher Art beibringen, wenn sie die Wahrheit sagen."

Die angesprochenen Koranverse zeigen alle deutlich, dass Gott nie die Tradition des Propheten meinte, wenn er von *ḥadīṯ* sprach. Die sogenannte Sunna, auf welche sich die Rechtsgelehrten bei der Begründung ihrer juristischen Vorbestimmung berufen, ist eine nachträgliche historische Erfindung von Menschen, die ihre politische Macht und die religiöse Existenz der verschiedenen muslimischen Glaubensgemeinschaften legitimieren wollten. Doch sogar im Koran selbst wird deutlich formuliert, dass die Muslime nur das zu befolgen haben, was Gott als Offenbarung herabgesandt hat.

Ironischerweise finden sich in einigen der sechs Ḥadīṯ-Sammlungen der Sunniten selbst einige Aussagen des Propheten, die den Muslimen die Verschriftung seiner Aussagen verbieten. In dem Werk von Muslim (820–875), ein Ḥadīṯ-Sammler, findet man unter der Nr. 7435 die folgende Aussage:

> „Außer dem Koran schreibt nichts anderes über mich. Und wer das tut, dann muss er das unbedingt beseitigen."

Muslims Werk gilt übrigens als eine der wichtigsten Ḥadīṯ-Sammlungen der Sunniten. Würde man diese gewaltige Zahl in Bezug setzen zu den 23 Jahren der Karriere Muḥammads als Gesandter Gottes, müsste man annehmen, dass er in dieser Zeit ausschließlich damit beschäftigt war, seinen Mitmenschen Ansagen zu machen.

Wenn man bedenkt, dass die großen Sammlungen der Tradition des Propheten durch muslimische Gelehrte erst im 10. Jahrhundert erschienen – also etwa 200 Jahre nach dem Tod des Propheten kompiliert wurden –, scheint die Frage nach der Authentizität der Tradition des Propheten trotz der vorherrschenden kanonischen Anerkennung plötzlich berechtigt. Das betrifft insbesondere diejenigen Aussagen, die dem Geist des Korantextes deutlich widersprechen. Skepsis mag auch aufkommen hinsichtlich des unbeschreiblichen Umfangs der Aussagen, die dem Propheten in den Kompilationen der muslimischen Gelehrten zugeschrieben werden.

Die Authentizität und die normative Autorität zahlreicher Aussagen des Propheten sind auch bei einigen klassischen Islamgelehrten sehr umstritten, insbesondere diejenigen, die im Widerspruch zu den religiösen Lehren des Korantextes stehen. Jedoch ist es dem sunnitischen Islam durch die Kompilation der Überlieferungen des Propheten im Laufe der Jahrhunderte gelungen, ihre religiöse Macht in Form eines vermeintlich genuin historischen Dokuments zu festigen. Die Tradition des Propheten wurde zu einem Zeugnis für die Begründung des Sieges des sunnitischen Islam und ein Distinktionsmerkmal dieser Konfession gegenüber den anderen muslimischen Glaubensgemeinschaften gemacht. Dies alles geschah auf Kosten einer kritischen Reflexion der Sunna.

19. Die Reform des Islam ist ein ständiger Kampf gegen die Vernebelung der Vernunft.

Die Vernunft spielte in den ersten drei Jahrhunderten der Geschichte des Islam eine zentrale Rolle. Jedem Muslim ist es dem Koran nach auferlegt, sich mit der eigenen Religion kritisch auseinanderzusetzen. Zahlreiche Koranverse rufen explizit zum Gebrauch der eigenen Vernunft auf.[80] Konservativen Muslimen indes erscheint die Vernunft als Vehikel zur Wahrheitsfindung untauglich. Besonders die Sunniten räumen dem Glauben unbegrenzte Priorität vor der Vernunft ein.

Die Reform des Islam im Westen hingegen betrachtet sich als treue Erbin der rationalistischen Schule der Mu‘tazilen, die stark von der griechischen Philosophie beeinflusst waren. Die Vernunft hat Vorrang vor dem Glauben, denn durch sie können religiöse Sachverhalte überhaupt erst verstanden werden. Religion und Vernunft stehen dabei nicht im Widerspruch zueinander, vielmehr besteht ein spannungsvolles Wechselverhältnis zwischen den beiden. Die Menschen könnten nicht im Jenseits zur göttlichen Rechenschaft gezogen werden, wenn sie keine Möglichkeit hätten, in Fragen der Religion von der Vernunft Gebrauch zu machen. Nur durch vernünftige Sinnerfahrung können Menschen zwischen Gut und Böse unterscheiden.

Erst wenn der Glaube durch die Vernunft begründet wird, reift er zum überzeugenden Wissen. So heißt es denn auch im Koran:

> „Sag: Sind etwa diejenigen, die Bescheid wissen, denen gleichzusetzen, die nicht Bescheid wissen. Doch nur diejenigen, die Verstand haben, lassen sich mahnen." (Koran 39:9)

Der Glaube ist nicht nur eine Herzenssache, bei der die Menschen fraglos an Gott und seine Vorschriften, an den Propheten und seine Tradition glauben sollen. Es gehört auch Reflexion dazu, durch die sich der Glaube verstärkt und verwurzelt. Ein nicht durchdachter Glaube ist brüchig, und es besteht stets die Gefahr, ihn zu verlieren.

In diesem Zusammenhang darf an den sunnitischen Reformer ʻAbd al-Ḥamīd Ibn Bādīs (1889–1940) erinnert werden. Ibn Bādīs strebte nichts anderes an, als den Islam mit dem Geist des 20. Jahrhunderts zu versöhnen, wagte es dabei allerdings noch nicht, die rechtliche Bestimmung im Islam anzuzweifeln. Der „wahre" Islam sei ein anderer als der überkommene, historische Islam (*al-islām al-wirāṯī*). Seiner Meinung nach hat zwar der überkommene Islam den Muslimen überall in der Welt ermöglicht, ihre eigene geschichtliche und nationale Identität zu bewahren, doch sei dieser Islam für die Moderne unpassend, denn er basiere auf Stagnation und Unterwerfung. Er könne nicht als Grundlage für den Fortschritt dienen. Den „wahren" Islam nennt er den „selbst entdeckten Islam" (*al-islām aḏ-ḏātī*). Dessen Grundlage seien Reflexion und Vernunft. Ibn Bādīs zufolge vermag nur die Vernunft den „wahren" Islam zu erkennen.[81]

Die Reform des Islam versucht im Anschluss an die muʻtazilitische Denkschule die Ratio wieder zur Grundlage des islamischen Glaubens zu machen. Jene Gelehrte vertraten damals zwischen dem 9. und 11. Jahrhundert die Überzeugung, dass die Vernunft das Kriterium für das bessere Verstehen der Religion sei. Sie gingen in ihren Thesen sogar noch einen Schritt weiter: Immer wenn die Vernunft einer Koran-Stelle widerspreche, könne diese frei interpretiert werden. Eine frühe Blüte der Rationalität. Von 833 bis 948 waren die mu'tazilitischen Gelehrten – nachdem die rationale Denkschule für ungläubig und unislamisch erklärt worden war – jedoch der Inquisition ausgesetzt. Die Verfolgung der Mu'tazila war das größte Desaster in der Geschichte des Islam. Ein historischer Putsch gegen die Vernunft und den Humanismus, der zum Erfolg der sunnitischen Orthodoxie unter Führung der sunnitisch-ḥanbalitischen Rechtsschule beitrug.

Der Grund für die Stagnation der islamischen Kultur seit mehreren Jahrhunderten ist in dieser Niederlage der Vernunft gegen die kanonischen Quellen des Islam zu suchen. Nicht umsonst wird die islamische Kultur als die „Kultur des Textes" und nicht die „Kultur der Vernunft" bezeichnet. Die Vertreter dieser „Kultur des Textes" berufen sich auf den Grundsatz des Gelehrten at-Tīmīḏī, des Überlieferers der Tradition des Propheten:

> „Derjenige, der den Koran mit dem freien Räsonieren (*ra'y*) auslegt, befindet sich im Irrtum."

Mit *ra'y* ist hier die Vernunft gemeint. Doch ein Islam ohne Vernunft will nichts anderes als Menschen in ihrer Religion versklaven. Daher ist die Anwendung der reflektierenden Vernunft ein notwendiger Schritt hin zur Freiheit des muslimischen Individuums.

20. Der Islam hat ein gestörtes Verhältnis zur Reflexion.

Die Gelehrten aller sunnitischen Rechtsschulen waren spätestens ab dem 4. Jahrhundert nach islamischer Zeitrechnung der Auffassung, dass alle wichtigen Rechtsfragen, die mit dem alltäglichen Leben und Handeln der Gläubigen zu tun haben, bereits gründlich behandelt und dafür definitive Lösungen gefunden worden seien. Schrittweise wurde ein Konsens getroffen, dass kein Gelehrter mehr die geistige Kompetenz oder das Recht dazu habe, zu einem eigenen Rechtsurteil zu gelangen. Hierbei berufen sich Konservative auf folgende medinensische Koranstelle der letzten offenbarten Koransure:

> „Heute habe ich [Muḥammad] euch eure Religion vervollständigt und meine Gnade an euch vollendet, und ich bin damit zufrieden, dass ihr den Islam als Religion habt." (Koran 5:3)

In Sachen Hörigkeit gibt es keine Unterschiede zwischen moderaten und extremistischen Muslimen. Für beide liegt der „wahre Islam" allein in den Deutungen des Propheten, festgehalten in der Sunna, sowie in den Deutungen seiner Gefährten und der zwei auf diese folgenden Generationen – die angeblich goldene Frühzeit des Islam. Muslime sollen nur an das glauben, was Gott durch seine Gesandeten gesagt hat, und an das, was die Imame auf der Kanzel predigen. Alles, was davon abweicht, gilt als unerlaubte Innovation. Insbesondere die Schriften der sogenannten vertrauenswürdigen Gelehrten werden dogmatisiert. Ihre Hypothesen werden als sakrosankt angesehen und dürfen nicht diskutiert werden. Sogar die Schriften anderer Gelehrter aus früheren Zeiten sind vom Koran und der Tradition des Propheten nicht zu trennen. Sie seien nichts anderes als die Rezeption der kanonischen Schriften, da beide angeblich eine Einheit bilden. Und somit wird die Religion des Islam zur Ideologie, denn aus politischen Gründen sind die Gelehrten darauf bedacht, nur die Sichtweisen der vertrauenswürdigen Gelehrten in Betracht zu ziehen.[82] Die unbeschreibliche Angst vor dem Neuen ließ die Muslime seit dem 7. Jahrhundert zu Sklaven ihrer Geschichte werden. Zugespitzt kann man sagen, dass die Mehrheit der Muslime überwiegend mit dem Leben nach dem Tod beschäftigt ist und dabei ihre Existenz im Diesseits vergisst.

Die Reform des Islam hingegen postuliert die Anwendung der Vernunft in ihrer Mehrdimensionalität: Dazu gehört Selbstbestimmung ebenso wie Unabhängigkeit und Emanzipation im Denken und Handeln. Anstelle der Unterwerfung unter den konservativen Islam proklamiert sie eine neue Autonomie. Vernunft bedeutet nicht nur Entscheidungs- und Entfaltungsmöglichkeit des Einzelnen, sondern auch ein konstruktives Verhältnis des autonomen Individuums zu seinen Mitmenschen, deren Lebenseinstellungen, Glaubensrichtungen beziehungsweise Weltanschauungen er respektiert.

Die Vernunft als Verstehenszeug in einem Aufklärungsprozess des Islam ist kein finaler Zustand, sondern immer ein bewusster Akt der Befreiung aus der selbst- und fremdauferlegten Unfreiheit durch den konservativen Islam. Islamisch von der Vernunft zu sprechen bedeutet, dass sich der Muslim innerhalb seines Glaubens immer wieder gemäß seiner situativen Lebenswelt neu definiert und neu entdeckt. In diesem Zusammenhang kann auch ein Vers des mekkanischen Koran aufgegriffen werden, der die im Korantext selbst vorkommenden Kritik der Nachahmung *in nuce* wiedergibt:

> „Und geh nicht einer Sache nach, von der du kein Wissen hast! Gehör, Gesicht und Verstand (Herz), für all das wird dereinst Rechenschaft verlangt.“ (Koran 17:36)

Der Mu‘tazilit az-Zamaḫšarī vertritt die Ansicht, dass der Muslim nichts ohne genaue Prüfung befolgen dürfe. Man dürfe keine Glaubensinterpretation in Wort und Tat nachahmen, wenn man kein Wissen darüber besitze. Jemand, der sich auf einen Weg begebe, ohne zu wissen, wohin dieser führe, gehe in die Irre. Blinde Nachahmung sei also strikt untersagt.[83] Diese Vorschrift will in erster Linie vermitteln, dass die Menschen unbedingt alle Meinungen der Gelehrten selbst überprüfen und sie nicht blind befolgen sollen. Fragen bzw. kritisches Denken dürfen im Islam also nicht verboten werden. Die goldene Regel für den ewigen Frieden mit sich selbst und mit den anderen ist: Erkenne dich selbst und respektiere dein Selbst, entdecke den Anderen und respektiere ihn.

21. Die Muslime brauchen keine Gelehrten als vermittelnde Instanz zwischen Gott und den Menschen.

Als der sudanesische Mystiker Maḥmūd Ṭāha, der am 18. Januar 1985 im Alter von 75 Jahren vor Tausenden Zuschauern gehängt wurde, der „Apostasie“ angeklagt vor Gericht stand, „verweigerte [er] jede Aussage. Verzichtete auf Verteidigung ebenso wie auf Widerruf.“[84] Auch im Angesicht seiner bevorstehenden Hinrichtung blieb er ein mutiger Mensch und sprach dem Gericht jegliche religiöse und juristische Autorität ab. Der Grund dafür mag darin liegen, dass es im Islam eigentlich keine kirchliche Institution gibt. Anscheinend wollte Ṭāha mit seinem Verhalten bestätigen, dass kein Mensch und keine Institution das Recht hat, Gott auf der Erde zu vertreten, sondern jeder Mensch in einer unmittelbaren Beziehung zu Gott steht. Der humanistisch-moderne Islam, wie ihn auch Ṭāha vertrat, lehnt vehement ab, dass jemand im Namen Gottes spricht.

Zwar taucht der Terminus Stellvertreter (*ḫalīfa*) zweimal im Koran auf, jedoch nicht in dem Sinne, dass ein Mensch die Allmacht Gottes auf Erden repräsentiert. In der medinensischen Sure 2, Vers 30 teilt Gott den Engeln mit, dass er einen „Stellvertreter“ auf der Erde einsetzen werde. Die muslimischen Religionsgelehrten ließen die Menschen im Laufe der Jahrhunderte glauben, dass sie diese Schatten Gottes auf der Erde seien. Da sie Gottes Sprachrohr seien, nahmen sie für sich in Anspruch, die einzigen Inhaber der absoluten Wahrheit zu sein. Nur ihre Interpretationen gälten, andere Meinungen wurden und werden nicht zugelassen. Die Gläubigen sind bis heute zur unhinterfragten Nachahmung der Glaubensinterpretation durch die Gelehrten angehalten. Wer dies kritisiert und Problemlösungen in einem Islam außerhalb dieser Interpretation sucht, wird als Ungläubiger verunglimpft.

Damit haben sich die muslimischen Gelehrten einen Stellenwert gesichert, der weit über das anfängliche Maß ihrer Aufgabe hinausgeht. Der Anspruch, Vertreter Gottes auf der Erden zu sein, steht ihnen einfach nicht zu. Diese muslimischen Religionsgelehrten denken noch immer in der Logik des 11. Jahrhunderts. Sie predigen beispielsweise nach wie vor, dass der Mann vorzüglicher als die Frau sei. Sie teilen die Welt ein in das Haus des Islam und das Haus des Unglaubens, dessen Bewohner zum Islam bekehrt werden müssen.[85] Diese Gelehrten haben kein Interesse an der Aufklärung des Islam, weil sie Angst um ihre Macht haben. Sie sind verantwortlich für den Reformstau des Islam in der islamischen Welt wie auch in der westlichen Diaspora. Sie sind es auch, die jegliche Kritik am Islam mit den Labels „Rassismus" und „Islamophobie" versehen. Dabei ist es keineswegs rassistisch, den Islam zu kritisieren; schon allein weil Religion keine Rasse und keine unabänderliche Gegebenheit ist. An seiner Herkunft kann man nichts ändern. An der eigenen Religion aber schon.

Diese angeblichen Vertreter Gottes berufen sich in ihren Schriften und Predigten auf Gelehrte, deren gefährliche Ideen trotz ihres lange zurückliegenden Todes sehr lebendig sind. Einer dieser Gelehrten ist Aḥmad Ibn Ḥanbal (780–855), der

Begründer der sunnitisch-ḥanbalitischen Rechtsschule. Er war der Meinung, dass das individuelle Räsonieren in der islamischen Religion verboten ist und jeder, der sich darauf beruft, als irregehender Reformer zu gelten hat. Die Nachahmung betrachtet er hingegen als seine wichtigste Stütze des Islam. Diejenigen, die sie ablehnen, gelten als Frevler, als Gottlose, weil sie den Koran und die Tradition des Propheten außer Kraft setzen wollten. Und alle anderen Glaubensgemeinschaften unter den Muslimen, die den sunnitischen Lehren widersprechen, seien Feinde Gottes. Diese müssten bekämpft, verhaftet oder getötet werden.[86]

Auch der Gelehrte Ibn Ḥazm (994–1064) aus Cordoba vertrat diese Meinung. Sein Gedankengut kann als Beginn des Putsches gegen die Vernunft im Islam angesehen werden, da er jedes individuelles Räsonieren vehement ablehnte.[87] Seiner Meinung nach durfte die Vernunft keine Priorität vor den kanonischen Quellen des Islam haben, denn es könne keine Vernunft geben, die nicht in der Religion wurzele.

Auch der ḥanbalitische Gelehrte Ibn Taimiyya (1262–1328), dessen Schriften bis heute der Mehrheit der Muslime als religiöse Referenztexte gelten, scheute sich nicht davor, alle andersdenkenden Muslime für Ungläubige zu erklären. Juden und Christen galten ihm als ungläubig und sollten bekehrt werden. Logik, Philosophie und Vernunft seien die Hauptquellen für Ketzerei und Heuchelei. Er erlaubte das Töten von Reformern, die seiner Meinung nach dem Koran und der Tradition des Propheten widersprachen, wie etwa die Schiiten, Sufis und Mu‘taziliten. Er berief sich in seiner Theologie insbesondere auf die sogenannten Schwertverse des Koran und deklarierte den „heiligen Krieg“ zur kollektiven Pflicht. Demnach sei der Islam – wenn nötig – auch mit dem Schwert zu propagieren.

Ibn Taimiyya gilt als einer der kontroversesten Gelehrten im muslimischen Diskurs. Bereits sein Zeitgenosse, der Reisende Ibn Baṭṭūṭa (1304–1377), schrieb während seines Aufenthalts in Damaskus über ihn: „[Er] hatte eine Schraube locker."[88]

Die Liste solcher Gelehrten kann beliebig mit Personen aus allen Epochen der islamischen Geschichte bis in die Gegenwart verlängert werden. Ihr Gedankengut wird bis heute von den Kanzeln vieler Moscheen in der islamischen und der westlichen Welt gepredigt. Die heutigen Imame beziehungsweise Gelehrten wachen über das Schweigen über die Widersprüchlichkeiten ihrer Vorgänger und sind darum bemüht, den Muslimen diesen historisch unaufgeklärten Islam einzuimpfen. Sie haben tatsächlich nichts Neues hervorgebracht und bewegen sich innerhalb einer althergebrachten Wissenstradition, die sich überwiegend auf den Koran der medinensischen Periode bezieht und den Glauben in ein politisch-juristisches Regelwerk eingezwängt hat. Ihre Aufgabe sehen sie darin, den Muslimen ein Gedankengut der Vergangenheit, Denkweisen ihrer vermeintlich vortrefflichen Vorfahren einzuflößen und sie zum Gehorsam ihnen gegenüber zu erziehen.

Aber: Für einen gnädigen Gott bedarf es keiner Vermittler auf Erden, weil die Beziehung der Gläubigen zu Gott unmittelbar und allein durch den Glauben geschieht. Selbstverständlich sollen Muslime von Theologen in die eigene Religion eingeführt werden. Religion ist jedoch in erster Linie eine private Angelegenheit. Das bedeutet, dass die persönliche Beziehung des Individuums zu seinem Gott immer im Mittelpunkt stehen muss. Der heutige Muslim braucht keine verbindlichen religiösen Rezepte, da er in der Lage ist, von seiner Vernunft Gebrauch zu machen. Nur durch ihre eigene intellektuelle Bemühung können Muslime Antworten auf ihre religiösen Fragen finden.

Die Gelehrten wiederum sind nur Menschen wie alle anderen auch. Ihrer im Laufe der Geschichte errichteten Herrschaft muss endlich ein Ende gesetzt werden. Im Glauben wie auch in Gewissensfragen ist jeder Mensch frei. Zwischen Menschen und Gott steht keine Institution, keine Hierarchie und keine Zwischeninstanz. Die Moschee ist nur eine religiöse Heimat, wo der Mensch individuell oder gemeinschaftlich die Nähe Gottes sucht. Nur in der Freiheit haben die Menschen Zugang zu Gott. Für ihre Entscheidungen und Taten sind sie selbst verantwortlich und niemandem Untertan.

Es geht darum, die Gelehrten von dem Podest herunterzuholen, auf das sie sich selbst gestellt haben Die Kanzel der islamischen Lehre sollte von der Macht früherer Gelehrter befreit werden. Auch die sogenannten vortrefflichen Vorfahren waren nicht vollkommen. Sie waren auch nur Menschen, die Fehler begangen haben. Die Gelehrten sollten in erster Linie die Menschen zur Anwendung ihres Verstandes aufrufen. Sie sollten frohe Botschaften verkünden, anstatt anhand einer Schwarz-Weiß-Pädagogik zu befehlen und zu drohen. Anstatt den Menschen ein religiöses Joch aufzuerlegen und sie in ständiger Angst vor Gott und den Höllenstrafen zu halten, sollten sie Nächstenliebe und die Barmherzigkeit Gottes predigen.

22. Die Moscheen müssen endlich von Import- und Selfmade-Imamen befreit werden.

In den Moscheen Deutschlands werden die Inhalte der Predigten von den Gläubigen in der Regel unkritisch hingenommen. Die in den muslimischen Gemeinden vermittelte Religion, sei es in den türkischen oder in den arabischen Moscheen, ist realitätsfremd. Sie ist nicht zukunftsfähig und verfolgt eine Pädagogik der Unterwerfung, die ihre Anhänger in den westlichen Gesellschaften systematisch isoliert. Import-Imame in den türkischen Moscheen, denen die westliche Sozialisation der hiesigen Muslime fremd ist, oder Selfmade-Imame in den arabischen Moscheen, die keine adäquate theologische Ausbildung haben, verkünden einen kategorischen Katalog von Gut und Böse gemäß den Lehren der jeweiligen sunnitischen Rechtsschule. Ihre Predigten und ihr Koranunterricht sind ein Register fertiger Antworten. So ergehen sich die traditionellen Freitagspredigten nicht selten in der Diffamierung anderer Religionen und überhaupt aller Andersdenkender.

Auch die Kinder werden im Koranunterricht am Wochenende mit Strenge unterrichtet. Die Kreativität der Lernenden wie auch der Lehrenden wird stillgelegt. Man kann von einer „Verleugnung der Kinder“ sprechen, denn nur der religiöse Stoff und nicht die im Entwicklungsprozess stehende Persönlichkeit und Interessen der Kinder werden in diesen Schulen geehrt, ganz zu schweigen von der Lebenswelt dieser Kinder als junge Muslime im Westen, welche sträflich vernachlässigt wird. Die Kinder gelten als durch die Werte der westlichen Kultur verführbare Menschen, die durch die religiöse Erziehung zu domestizieren sind. Doch dieses religiöse Erziehungsmodell ist vollkommen realitätsfern. Die Sozialisation muslimischer Kinder außerhalb der muslimischen Familie und der Gemeinde gerät bei diesem klassischen Religionsunterricht vollkommen außer Acht. Durch die zwei unterschiedlichen Erziehungsmodelle, denen sie ausgesetzt sind – Schule und Koranschule –, wird die Kluft zwischen einer modernen und einer konservativ-religiösen Identität in ihnen immer größer. Das stellt eine deutliche Barriere für die Emanzipation der Kinder innerhalb der Gesellschaft dar, in der sie leben, und behindert ihre Integration.

Selbstverständlich darf man nicht alle Moscheen und Koranschulen über einen Kamm scheren. Die meisten Imame jedoch predigen einen konservativen Islam. Die radikaleren unter ihnen und ihre Anhänger haben lediglich die religiösen Inhalte verschärft; die verbindende theologische Basis aber ist bei den meisten die gleiche. Was der Imam in der salafistischen Moschee predigt, vertritt auch der friedliche Imam in seiner Gemeinde: Die Muslime seien die beste Gemeinde, die Gott je gestiftet hat (Koran 3:110); die Juden seien diejenigen, die dem Zorn Gottes verfallen seien und die Christen seien die Irregehenden (Koran 1:6–7); die Muslime sollen die Juden und die Christen meiden (Koran 2:120). Der Unterschied zwischen den salafistischen und den moderaten Imamen besteht darin, dass erstere ihren Glauben in die Tat umsetzen, während die anderen nur daran glauben. Anders gesagt: Es gibt den aktiven und den passiven Islam.

Die gemeinsame und vereinfachende Logik der Predigten liegt darin, dass sie die Glaubensvorschriften als einzig verbindlichen Maßstab anführen. Es wird immer eine Religiosität des Erlaubten versus des Verwerflichen gepredigt. So entstand mit der Zeit ein komplexes System aus „*Ḥalāl* oder *Ḥarām*“ (erlaubt oder verwerflich), nach dem sich eine ganze Generation richtet. Die Grundsätze des Westens gelten darin grundsätzlich als verwerflich, die Lehren des Islam hingegen als zeitlos und für alle Muslime bindend. Alles, was mit dem „reinen“ Islam der Gemeinde des Propheten von 610 bis 661 nicht vereinbar ist, wird als unerlaubte Innovation (*bid'a*) denunziert. Scharfe Identitätskonflikte sind dadurch vorprogrammiert.

Diese *Ḥalāl*-oder-*Ḥarām*-Generation unter den hier geborenen Muslimen fühlt sich inzwischen den moderaten oder passiven Muslimen überlegen. Somit entsteht das Bewusstsein des „Übermuslims“[89], der sich durch die Einteilung seiner Welt in Gut und Böse definiert. Alle, die anders denken, befinden sich in seinen Augen im Irrtum. Die Juden, die Christen und die Schiiten betrachtet er als Ungläubige (*kuffār*). Zur Generation der Übermuslime gehören auch die hier geborenen Dschihadisten, die bereit sind, aus Liebe zur islamistischen Ideologie unschuldige Menschen zu töten.

Diese Spaltung kann sich sogar innerhalb einer muslimischen Gemeinschaft vollziehen. Dies geschieht mittels der Lehre des Tekfirismus (*takfīr,* für ungläubig erklären), die sich inzwischen nicht nur in den extremistischen, sondern sogar in moderaten Predigten etabliert hat. Ihr Ziel ist es, andersdenkende Muslime auszugrenzen und zu marginalisieren. Und die Imame in den arabischen oder türkischen Gebetshäusern haben damit Erfolg, ihre Anhänger kommen aus allen sozialen Schichten der muslimischen Gesellschaft. Deshalb ist es auch kein Wunder, dass viele arabische Imame ihre Freitagsgebete oder die Gebete bei religiösen Feiern mit dem folgenden Bittgebet beenden: „Gott möge den Muslimen beim Sieg gegen die Juden und die Christen helfen. Gott möge die Feinde des Islam bekämpfen. Gott möge den Palästinensern bei ihrem Kampf gegen die Israelis helfen.“

So ist gegenwärtig nicht zu erwarten, dass die notwendige Reform des Islam von den bestehenden Moscheen ausgehen kann. Viele dieser Moscheen sind ein Hindernis für eine gelungene Integration der Muslime im Westen. Durch ihre ultrakonservativen Predigten sind sie ein Ort der Vorradikalisierung, wo eine Kultur der Ablehnung gegen alles, was nichts mit dem Islam zu tun hat, vermittelt wird.

Auf der anderen Seite muss die Entwicklung eines modernen Islam vorangetrieben werden. Interreligiöser Dialog durch die Weiterbildung der Imame kann eine Möglichkeit sein. Die Alternative zu Import-Imamen und Selfmade-Imamen ist die theologische Ausbildung der islamischen Geistlichen an hiesigen Hochschulen, wie etwa an der Hochschule Freiburg oder der Universität Münster – beides Hochschulen, die über Institute der Islamischen Theologie verfügen. Und ebenso wichtig: Die Freitagspredigten in den Moscheen müssen auf Deutsch gehalten werden. Die Zeit ist gekommen, nicht mehr vom Islam in Deutschland zu sprechen, sondern von einem deutschen Islam. Und dieser Islam kann nicht der konservative, sondern nur ein moderner und humanistischer Islam sein, der mit den humanistischen Grundwerten des Westens vereinbar ist.

23. Gott ist kein Tyrann, der sehnsüchtig darauf wartet, die Menschen zu bestrafen. Gott ist Liebe, Barmherzigkeit und Gnade.

Neben der Lehre der Barmherzigkeit und Vergebung ist die Lehre der Liebe eine der zentralen Botschaften des humanistisch-ethischen Koran. Dabei handelt es sich immer um die Liebe Gottes zu seinen Menschen oder die Liebe der Menschen zu Gott. Beide im Koran erwähnten Arten der Liebe dienen als wichtige Grundlage für das ethische Handeln der Muslime.

Das Wort „Liebe“ kommt 83-mal an verschiedenen Koranstellen vor, überwiegend in der Verbalform. Wiederholt wird im Koran aufgeschlüsselt, welche Menschen Gott „liebt“ und welche er „nicht liebt“. Gott liebt die Menschen, die gottesfürchtig sind (Koran 3:76 und 9:4) und die, die Gutes tun (Koran 2:195, 3:134 und 5:93). Gott liebt auch die Menschen, die gerecht handeln (Koran 49:9 und 60:8). Gott liebt die Bußfertigen, die sich von der Sünde abkehren (Koran 2:222). Und: „Gott vergibt euch alle eure Sünden“ (Koran 39:53). In Sure 11, Vers 9 ist außerdem zu lesen, dass Gott barmherzig und liebreich (*wadūd*) ist. An anderer Stelle heißt es: „Er ist der Vergebungsbereite, der Liebevolle“ (Koran 85:14). Nicht nur den Menschen, die glauben, sondern auch anderen, die gute Werke tun, wird „der Erbarmer Liebe zeigen“ (Koran 19:96).

Auch Menschen, die Gott nicht liebt, kommen mehrmals im Koran vor. Sie werden in zwölf Gruppen eingeteilt. Gott liebt etwa jene nicht, die Übertretungen begehen (Koran 2:190, 5:87 und 7:55). Gott liebt die Frevler nicht (Koran 3:57, 3:140 und 42:40). Gott liebt das Unheil nicht (Koran 2:205), deshalb liebt er auch diejenigen nicht, die Unheil anrichten (Koran 5:64 und 28:76). Gott liebt nicht die Hochmütigen (Koran 16:23), die Eingebildeten und die Prahlerischen (Koran 4:36 und 31:18). Schließlich liebt Gott auch die Undankbaren nicht (Koran 3:32 und 30:45). Fasst man all diese Aussagen zusammen, dann handelt es sich dabei stets um Menschen, die sich Gott oder ihren Mitmenschen gegenüber böse verhalten. Sie sind zu verstehen als Warnungen Gottes vor dem Bösen. Den Mitmenschen Böses anzutun, ist den Menschen von Gott explizit untersagt.

Dem Koran nach ist Gott also liebevoll, gnädig, barmherzig und vergebend (Koran 3:31, 5:34, 11:41 und 12:35). Er ist das Gute. Gott ist kein Tyrann, der sehnsüchtig auf die höllische Bestrafung der Menschen wartet. Selbst die mekkanischen und medinensischen Suren, die besagen: „Er verhängt schwere Strafen", werden am Schluss stets mit dem folgenden Satz ergänzt: „Er ist auch barmherzig und bereit zu vergeben." (Koran 5:98, 6:165 und 7:167). Allerdings verlangen die Autoritätswächter des konservativen Islam von den Muslimen bis heute, dass sie Angst vor Gott haben. Dieses Gottesbild hat natürlich eine Funktion, nämlich die Gläubigen im Sinne der Gelehrten zu disziplinieren und zur Befolgung ihrer Anweisungen anzuhalten. Ihre Schwarz-Weiß-Pädagogik stellt Gott als strengen Bestrafenden dar, Sünder hätten gewaltige Strafen im Jenseits zu erwarten. Doch dieses Bild von Gott erzeugt nur Angst, statt die Menschen zu ermutigen, ihm aus freien Stücken zu dienen.

Selbstverständlich kann ein liebevoller Gott nicht bösartig

sein, denn er ist selbst Vergebung und Barmherzigkeit. Die Muslime sind heutzutage dazu aufgefordert, zwischen dem religiösen Schrecken und der göttlichen Liebe zu wählen. Jeder Muslim hat die Wahl zwischen der Existenz als Sklave der Gelehrten oder als freier Liebender Gottes.[90] Die Angst vor Gott ist fesselnd, die Liebe zu Gott jedoch ist befreiend.

Die Liebe Gottes bestärkt die Muslime, andere Menschen zu achten und zu respektieren. Gott ist die unendliche Liebe. Es besteht eine Einheit zwischen den Liebenden und dem Geliebten. Daher können die Menschen in der Liebe Gottes und in der Liebe zueinander leben, wenn sie nach dem Guten im Diesseits streben. Wenn sie gerecht handeln, dann bleiben sie in der Liebe Gottes, da das Wohlbefinden der Menschen auch ihres ist. Dies gilt nicht nur für die Muslime untereinander, sondern ihre Aufgabe liegt auch darin, andere Menschen anderer Religionen und anderer Weltanschauungen zu lieben und hochzuachten.

Gott ist nicht die Thora, die Bibel oder der Koran allein. Das sind nur religiöse Schriften, die verschiedene Wege zu ihm weisen. Keine dieser Schriften ist besser als die andere, deshalb dürfen ihre Anhänger auch keinen Hass gegenüber Andersgläubigen schüren. Die Juden und die Christen sind nicht diejenigen „die Deinem Zorn verfallen sind und irregehen" (Koran 1:6–7)! Keine Religion besitzt die absolute und exklusive Wahrheit. Zwar werden in Sure 2, Vers 120 sowohl Muḥammad als auch die Muslime aufgefordert, Juden und Christen zu meiden. Jedoch gibt es überall gute und böse Menschen und sogar Atheisten sind berechtigte Ansprechpartner. Wir Muslime sind nicht „die beste Gemeinschaft, die Gott je gestiftet hat" (Koran 3:110). Denn jede Gemeinschaft kann durch ihre guten Taten im Diesseits die beste sein. Daher ist es die Aufgabe der Reform des Islam, die Gesetze der Furcht und des Hasses durch die Grundsätze der Liebe, der Freiheit und des Guthandelns zu ersetzen.

In der mekkanischen Sure 49, Vers 13 ist Folgendes zu lesen:

> „Ihr Menschen! Wir erschufen euch als Mann und Frau und machten euch zu Völkern und zu Stämmen, damit ihr einander kennenlernt."

Dieser Vers bildet die Grundlage für die gegenseitige Hochachtung der Menschen. Man könnte diesen Vers auch so deuten, dass die soziale und kulturelle Vielfalt der Menschen Gottes Wille ist. Dieser Koranstelle zufolge strebt Gott nicht nach einer Einheitsmenschheit, sondern fordert geradezu dazu auf, sich über Gruppengrenzen hinweg auszutauschen. Das Menschsein ist die brückenbauende Verbindung zwischen den Menschen. In einer mekkanischen Sure wird außerdem die Feindschaft zwischen den Menschen scharf verurteilt und für den Akt der Vergebung plädiert:

> „Die gute und die schlechte Tat sind nicht einander gleichzusetzen. Entgegne mit etwas Besserem! Und wenn zwischen dir und ihm eine Feindschaft ist, dann soll es so sein, als wäre er ein enger Freund." (Koran 41:34)

Wie alle anderen Religionen ist der Islam in seinem humanistisch-ethischen Sinngehalt eine Suche nach Gott und nach einem Zusammenleben der Menschen in Frieden. Aber nur wenn diese Suche mit einer kulturelle und soziale Grenzen überschreitenden Nächstenliebe gepaart ist, können Toleranz und Frieden gedeihen. Nur durch diese Liebe kann man Gott finden. Doch es scheint, dass wir Muslime diesen Aspekt des Islam vergessen haben: die Liebe zu uns sowie zu allen anderen Menschen. Deshalb brauchen wir eine Gnadentheologie, welche die Liebe und Barmherzigkeit Gottes betont und die Kernbotschaften des humanistisch-ethischen Koran wieder in den Fokus des islamischen Glaubens rückt.

24. Der Islam ist mehr als die fünf Säulen und die Glaubenslehre, nämlich auch gutes Handeln. *Sola actio*!

Auf fünf Säulen beruht die Glaubenspraxis des Islam: Dem Glaubensbekenntnis, dem täglichen fünfmaligen Gebet, der Almosensteuer, dem Fasten im Monat Ramadan und der Wallfahrt nach Mekka für diejenigen, die gesundheitlich und finanziell dazu in der Lage sind. Jeder, der sich als Muslim bezeichnet, muss diese Grundsätze in seinem Leben praktizieren.

Selbstverständlich sind die fünf Säulen des Islam zentral für die kollektive Identität der Muslime und ihr religiöser Wert darf keinesfalls unterschätzt werden. Und dennoch ist der Islam als monotheistische Religion mehr als Ritualhandeln, nämlich ein Angebot spiritueller Werte, die ein tolerantes und friedliches Miteinander der Menschen fördern. Die Verengung des Islam auf die fünf Säulen reduziert seinen wahren Sinn und führt zu einer Entleerung seines ethischen Gehaltes. Sowohl die „Wohltat“ (*al-iḥsān*) als auch das „gute Handeln“ (*al-ʻamal aṣ-ṣāliḥ*), beides Kernbegriffe des Koran und zusammen gleichsam die sechste Säule des Islam, werden dabei von den Gelehrten systematisch ignoriert. Bis heute wird das ethische Programm des Islam verdrängt. Auch Muḥammad Shahrour, der bedeutendste syrische Islamreformer unserer Zeit, verweist auf die Wichtigkeit von Wohltat und gutem Handeln. Denn erst durch diese könne der Glauben an Glaubwürdigkeit gewinnen.[91]

Die „Wohltat" und das „gute Handeln" kommen im Koran so oft vor, dass hier nur einige Beispiele erwähnt werden können. In der mekkanischen Sure 16, Vers 90 etwa ist zu lesen, dass Gott Gerechtigkeit befiehlt und Gewalt verbietet. Weiter heißt es: Wenn die Menschen etwas Gutes tun, dann tun sie es für sich selbst (Koran 17:7). In der ersten in Medina offenbarten Sure stellt Gott interessanterweise die gute Tat an erste Stelle, noch vor dem Verrichten des Gebets und dem Geben von Almosen:

> „Sprecht nur Gutes zu den Menschen! Verrichtet das Gebet und gebt die Armensteuer." (Koran 2:83, vgl. auch 17:53)

Die Menschen sollen Gutes tun, wie Gott ihnen Gutes tat (Koran 28:77), und sie sollen die Übeltat mit der guten Tat zurückweisen (Koran 23:96). Auch mit den Juden und Christen sollen auf friedliche Art und Weise Gespräche geführt werden (Koran 29:46), denn die Barmherzigkeit Gottes ist denen sehr nahe, die Gutes tun (Koran 7:56).

Die gute Tat ist also eine kollektive Pflicht für alle Muslime. Und sie beschränkt sich nicht auf den Umgang mit anderen Muslimen. In einer mekkanischen Sure tadelt Gott die Muslime, die allein reden, aber nicht konsequent danach handeln, und spricht ihnen sogar den wahren Glauben ab:

> „Ihr Gläubigen! Warum sagt ihr, was ihr nicht glaubt? Großen Abscheu ruft es bei Gott hervor, dass ihr sagt, was ihr nicht tut." (Koran 61:2–3)

Wer Gerechtes und Gutes tut und dabei gläubig ist, den wird Gott gut leben lassen (Koran 16:97) – sei es ein Mann oder eine Frau. Und diejenigen, die an Gott und an den Jüngsten Tag glauben und rechtschaffen handeln, seien sie Juden, Christen, Sabier oder Muslime, haben ihren Lohn bei Gott (Koran 2:62) und brauchen keine Angst zu haben (Koran 5:69). Interessanterweise hat das rechte Tun – an zweiter Stelle nach dem Glauben – auch in der ersten in Medina offenbarten Sure Vorrang vor dem Verrichten des Gebets und der Abgabe der Almosen:

> „Denen, die glauben und gute Werke tun, das Gebet verrichten und Almosensteuer geben, steht bei ihrem Herrn ihr Lohn zu und sie brauchen keine Angst zu haben." (Koran 2:227)

Diese Parallele zur oben erwähnten Koranstelle (Koran 2:83), in der dem guten Handeln ebenfalls Vorrang vor Gebet und Almosen eingeräumt wird, legt die Vermutung nahe, dass der Islam aus vier Elementen besteht: dem Glauben, dem Verrichten guter Werke, dem Gebet und der Armensteuer. Es steht jedenfalls fest, dass Gott denjenigen Vergebung und guten Lohn verspricht, die glauben und gute Werke tun (Koran 5:9). Ihnen wird sich Gott als „Erbarmer-Liebe zeigen" (19:96).

Niemals war die Wiederbelebung der „Wohltat" und des „guten Handelns" so notwendig wie in der heutigen Zeit des globalen islamistischen Terrors. Diese sechste Säule betont nämlich, dass der Islam in erster Linie ein Glaube voller Spiritualität ist, der viel Wert auf Frieden unter den Menschen legt. Der Islam der humanistisch-ethischen Grundwerte ist keine militante Gemeinschaft, die Weltherrschaft durch Gewalt anstrebt. Die sechste Säule als Glaubens- und Handlungsakt verweist deutlich darauf, dass der Islam keine staatliche Ordnung ist, die einen Totalitäts- und Universalanspruch auf die ganze Menschheit erhebt. Er ist eine geistlich-spirituelle Bewegung, eine Religion, welche die Bindung des Individuums an Gott, den treuen Glauben und das Handeln im Interesse der Menschheit fördern will. Daher ist es die wichtigste Aufgabe der Reform des Islam zu zeigen, dass diese monotheistische Religion nach Freiheit im Horizont von Frieden und der Toleranz strebt.

Durch „Wohltat“ und „gutes Handeln“ können die Muslime ihre schöpferischen Anlagen in Freiheit entfalten. Die normale, herzliche, gesunde, uneingeschüchterte, realitätsbezogene Spiritualität der Muslime kann neu zum Leuchten kommen.

Der Grundsatz *sola actio* ist ein existenzieller Ansatz für die Reform des Islam, durch den auch eine moderne Theologie im westlichen Kontext entwickelt werden kann. Denn nicht nur der Glauben und nicht nur die Schrift, sondern auch das Handeln des Menschen im Diesseits ist zentral. Auch das Gott-Mensch-Verhältnis kann nicht nur durch den Glauben definiert werden, sondern bewährt sich erst im Handeln zum Wohle aller Menschen ungeachtet ihrer Unterschiede und Religionszugehörigkeiten. Und damit gilt die Sorge vor allem dem Wohl des Menschen.

Muslim zu sein bedeutet nicht nur, an Gott zu glauben und Pflichtrituale im Alltag zu verrichten. Es geht auch und gerade darum, in der Welt verantwortungsvoll und demütig vor Gott und den Menschen zu handeln. Der Islam ist also nicht nur *sola fide* (allein durch den Glauben), *sola scriptura* (allein durch die Heilige Schrift des Koran), sondern auch *sola actio* – allein durch das gute Handeln. Diese drei Grundlagen sind nicht voneinander zu trennen. Besonders die *actio* verleiht dem Islam als ethisches Programm Lebendigkeit. An Gott glauben bedeutet auch einen Beitrag zum Heil seiner Mitmenschen zu leisten.

25. Gott hat den Menschen zur Freiheit befreit.

Der Islam ist eine Religion der Freiheit im Glauben, Denken und Handeln. Der Mensch kann im Jenseits nur zur Rechenschaft gezogen werden, weil ihm Gott im Diesseits Freiheit und Selbstbestimmung gewährt. Gott hat den Menschen zur Freiheit befreit. Freiheit ist ein zentraler und unverzichtbarer Grundsatz für das Leben der Muslime, der nicht länger verleugnet werden darf.

Die Reform des Islam will den Weg zur Freiheit des Individuums ebnen. Moderne und Islam sind durchaus vereinbar, denn im Zentrum der ethischen Lehren des Koran steht der Grundsatz des frei glaubenden und handelnden Einzelnen. Eine zeitgemäße Interpretation des Koran will nichts anderes als die Macht des konservativen Islam brechen und Wert auf die selbstständige, verantwortungsvolle Wahrnehmung des Selbst legen.

Im Arabischen bedeutet das Wort „Freiheit“ (*ḥuriyya*), dass der Einzelne in seinem Alltag frei handelt, ohne sich selbst und anderen dabei Schaden zuzufügen. Dies beinhaltet auch, dass das Individuum das Recht hat, sich frei zu äußern und zu tun, was es will, solange sein Handeln dem Gesetz entspricht.[92] Diese Definition der Freiheit entspricht jedoch in keiner Weise der Realität der islamischen Welt und der muslimischen Gemeinden im Westen, denn dort sucht man die Freiheit des Einzelnen vergebens; vielmehr ist der kollektive Druck in den Gemeinden immens. Und jeder, der nicht gehorcht und seinen Willen der Gemeinde nicht unterordnet, ist von Ausschluss und Isolation bedroht.

Der Terminus „Freiheit" (*ḥuriyya*) selbst ist im Korantext nicht zu finden. Allerdings ist er sehr wohl präsent in Wendungen wie der „freie Mensch" im Gegensatz zum Sklaven oder „Befreiung der Sklaven" (vgl. Koran 2:187; 3:35 und 4:92). Aus den Erzählungen über die Schöpfung der Erde und die Erschaffung Adams als ersten Menschen im mekkanischen Koran lernen wir ebenfalls etwas über die Rolle des Menschen und seine Freiheit. Mehrere Koranpassagen, die ausschließlich mekkanisch sind (Koran 7:11, 15:28, 17:61, 18:50, 20: 116 und 38:1), berichten davon, wie Gott den Engeln mitteilt, dass er den Menschen als Stellvertreter auf Erden einsetzt. Muslimische Korangelehrte legten ihr Augenmerk bei der Interpretation dieser Erzählungen auf die Einsetzung des Menschen als Vertreter Gottes auf der Erde, damit er Gott dienen soll. Ob der Mensch in seinem Handeln nun frei oder unfrei ist, scheint die muslimischen Korankommentatoren nicht zu interessieren. Für sie ist der Mensch geschaffen, um Gott zu dienen. Es lässt sich aber vermuten, dass der Mensch in ihren Augen weder frei noch selbstständig in seinem Denken und Handeln ist.

Mohamed Tahar Ben Achour (1879–1973), der bedeutendste tunesische Islamreformer unserer Zeit, betrachtet die Freiheit der Muslime als die größte Ehre, die Gott den Menschen erwies.[93] Keiner könne sie ihnen nehmen, denn die Freiheit sei das zentrale Wort in Gottes Schöpfung. Daraus kann laut Achour abgeleitet werden, dass die Muslime ihr Leben frei gestalten können. Der Reformer ist der Meinung, dass die Freiheit dem Menschen angeboren ist im Sinne einer Veranlagung. Gott ermutige den Menschen sogar, von seiner Freiheit Gebrauch zu machen. „Die Freiheit ist der Schmuck des Menschen und die Basis der Zivilgesellschaft“, schreibt Achour.[94] Ihm zufolge ist demnach keinem Menschen und keiner weltlichen Instanz die Macht gegeben, Menschen in Gottes Namen oder im Namen der Religion zu bestrafen, wenn sie eine andere Meinung vertreten, eine andere Lebensweise führen oder überhaupt nicht an Gott glauben.

Nirgendwo wird die Freiheit des Menschen so mit Nachdruck betont wie in dieser mekkanischen Koranstelle:

> „Und sag [Muḥammad]: Es ist die Wahrheit von eurem Herrn. Wer will glauben, möge glauben, und wer will, möge nicht glauben.“ (Koran 18:29)

Dem Mensch steht also die freie Wahl zu zwischen dem Glauben an Gott und dem Nicht-Glauben. Der syrische Aufklärer Muḥammad Shahrour erschließt sich auch aus einigen weiteren Koranstellen, dass Gott den Menschen als einen freien Menschen geschaffen hat.[95] In der mekkanischen Koranpassage 40:31 ist die Rede davon, dass Gott den Menschen nichts Übles tut. Und in einer anderen mekkanischen Koranstelle wird deutlich formuliert, dass er die Menschen nicht tyrannisch behandelt (Koran 50:45, vgl. auch 50:29). Die Begründung dafür liefert die mekkanische Sure 41, Vers 46:

> „Wenn einer rechtschaffen handelt, ist es sein eigener Vorteil, wenn einer Böses tut, sein eigener Nachteil. Gott ist nicht gewohnt, den Menschen Unrecht zu tun.“ (Vgl. Koran 3:182).

Aus dem Koran erschließt sich also direkt, dass der Mensch als Vertreter Gottes auf der Erde in Freiheit eingesetzt ist. Shahrour meint, dass die im Koran dargestellte Freiheit die autonome Wahl beinhaltet und dass dies die größte Gnade Gottes ist, mit der er die Menschen im Diesseits beschenken könnte. Deshalb habe auch keiner das Recht, anderen Menschen durch Zwang oder Gewalt dieses größte Gottesgeschenk wieder zu nehmen.

Weil Gott ihnen die Freiheit in ihren Entscheidungen gewährt hat, zieht er die Menschen im Jenseits zur Rechenschaft. Der Gehorsam der Menschen ihm gegenüber setzt ihre Freiheit voraus – genauer gesagt: Zu Gott gehört die Gerechtigkeit und zu den Menschen die Freiheit. Gott befiehlt den Muslimen, seine Gebote zu befolgen und seine Verbote zu vermeiden, und deshalb sind sie in ihren Entscheidungen und ihrem Handeln frei. Und wenn die Freiheit für alle Menschen ohne Ausnahme gilt, dann muss auch der koranische Grundsatz gelten, dass es in der Religion keinen Zwang gibt. Dies bedeutet auch, dass die Meinungs- und Glaubensfreiheit garantiert ist.

26. Gott hat den Menschen die Meinungsfreiheit geschenkt.

Die Freiheit ist ein Geschenk Gottes an den Menschen, deshalb ist sie ein essenzieller Bestandteil seiner Existenz. In der letzten in Medina offenbarten Sure betont Gott, wenn er gewollt hätte, dann hätte er alle Menschen zu einer einzigen Gemeinschaft machen können. Aber er teilte sie in verschiedene Gemeinschaften auf (Koran 5:48). In einer anderen mekkanischen Koranpassage weist Gott darauf hin, dass er in der Lage ist, alle Menschen auf den rechten Weg zu bringen (Koran 6:35, vgl. auch 16:8). Alle hier zitierten Verse bezeugen die gottgewollte Vielfalt. Damit ermöglicht er es ihnen, frei zu sein und verschiedene Meinungen zu vertreten, gläubig oder ungläubig zu sein, „uneins" zu sein (Koran 11:118, vgl. auch 16:93).

Den einen Islam gibt es nicht. Darauf zielt auch die Aussage des Propheten: „Die Meinungsverschiedenheit meiner Gemeinde ist ein Akt der Barmherzigkeit." Die vier sunnitischen Rechtsschulen und die weiteren unterschiedlichen muslimischen Glaubensgemeinschaften sind der deutliche Beweis dafür, dass man heute vom Islam in der Pluralform sprechen muss.

Gott mischt sich nicht in die Angelegenheiten der Menschen ein. Er schenkt ihnen die Vernunft, damit sie selbst entscheiden können, was sie glauben und was nicht. Und er erinnert daran, dass der Koran ein Kanon von Geboten und Verboten ist. „Wer will, der ruft sie in Erinnerung“ heißt es darin (Koran 74:54 und 80:11). Gott spricht an dieser Stelle explizit von einem Akt des Wollens. Auch an einer anderen Stelle bekräftigt Gott, dass wer will, den Weg zu seinem Herrn einschlagen kann (Koran 73:19 und 76:29).

27. Das Prinzip der Glaubensfreiheit gilt auch im Islam.

Die Aufgabe des Propheten Muḥammad wird im Koran mehrmals deutlich definiert. In der letzten offenbarten Sure spricht Gott Muḥammad an: „Gesandter! Richte [den Menschen] aus, was von deinem Herrn [als Offenbarung] zu dir herabgesandt wurde." (5:67). Die gleiche Sure, Vers 99, legt die Aufgabe des Propheten deutlich fest: „Der Gesandte hat nur die Botschaft [Gottes] zu übermitteln." Dieser Auftrag findet sich auch schon in dem in Mekka offenbarten Teil des Koran (16:82 und 29:19). In einer anderen mekkanischen Koranpassage weist Gott Muḥammad sogar deutlich zurecht:

> „Du bist ja nur ein Warner und du hast keine Gewalt über sie, [sodass du sie etwa zum Glauben zwingen könntest.]" (Koran 88:21–22).

Diese Verse verdeutlichen, dass der Glaube eine Angelegenheit zwischen Gott und jedem einzelnen Menschen ist, in der niemand zwischen ihnen steht – nicht einmal der Prophet. Gott respektiert den Menschen so sehr, dass er ihm sogar die Wahl lässt, gläubig oder ungläubig zu sein. Die Meinungsfreiheit erweitert sich zur Glaubensfreiheit. Und nirgendwo wird die

Glaubensfreiheit des Menschen treffender bestimmt und sogar gepriesen als in der ersten in Medina geoffenbarten Sure:

> „In der Religion [des Islam] gibt es keinen Zwang" (Koran 2:256).

Niemand darf also zum islamischen Glauben gezwungen werden. Andere Religionszugehörigkeiten oder Weltanschauungen müssen anerkannt und respektiert werden.

Anscheinend wollen die Vertreter des konservativen Islam diese humanistische Koranstelle jedoch nicht wahrhaben. Sie bevollmächtigen sich selbst dazu, die Anderen zum Islam zu bekehren, als ob sich diese auf einem Irrweg befänden. Im Koran heißt es aber deutlich: Gott will, dass die Menschen freiwillig an ihn glauben und nicht aus Zwang.

Auch in der frühen in Mekka offenbarten Sure mit dem Titel *Die Ungläubigen* wird gesagt, dass die Ungläubigen nicht gezwungen werden, an den Koran zu glauben. Sie haben ihre alte Religion und die Gemeinde des Propheten hat ihre neue Religion (109:4–5). Mit dieser Sure rückt eine zweite Linie des koranischen Freiheitsverständnisses ins Blickfeld. Sie fordert Respekt gegenüber der freien Wahl für den Unglauben.

28. Niemand hat das Recht, andere Menschen zu Ungläubigen zu erklären.

Am 3. Juni 1992 erließen einige Gelehrte der Azhar Universität in Kairo ein Rechtsgutachten (*fatwā*), in dem der Reformintellektuelle Farağ Fūda (1945–1992) zum Apostaten erklärt wurde. Am 8. Juni, also nur fünf Tage später, wurde Fūda vor seinem Arbeitsplatz erschossen. Bei dem Prozess sagte der islamistische Täter, dass es die Pflicht eines jeden Muslims sei, einen Apostaten hinzurichten. Der Richter fragte den Islamisten, in welchem Buch von Fūda er gelesen habe, dass dieser ein Apostat sei. Der Täter antworte darauf, dass er weder lesen noch schreiben könne.

Der Terminus Apostasie im Sinne des Abfalls vom islamischen Glauben (*ridda*) kommt in der Verbalform nur zweimal im Koran vor. Es gilt, die beiden Stellen genauer unter die Lupe zu nehmen. Muslime und Nichtmuslime müssen endlich erfahren, dass der Rechtstatbestand der Apostasie (*ḥadd šar'ī*) eine reine Erfindung konservativer Gelehrter ist, durch die unzähligen Muslimen Schaden bis hin zum Tode zugefügt wurde. In der ersten in Medina geoffenbarten Sure ist Folgendes zu lesen:

> „Sie werden euch bekämpfen, bis sie euch von eurer Religion abbringen, wenn sie es können. Und wenn einer von

> euch sich von seiner Religion abbringen lässt, stirbt er als Ungläubiger. Diese sind es, deren Werke im Diesseits und im Jenseits hinfällig sind." (Koran 2:217)

Hier ist die Rede von den arabischen Ungläubigen, die die Mitglieder der Gemeinde des Propheten bekämpfen. Diese Koranstelle verweist darauf, dass die Muslime, die von ihrer Religion abfallen, dies nicht freiwillig tun. Der Vers enthält keinen Hinweis auf die Notwendigkeit der Tötung von Apostaten; nur ihre Werke würden sowohl im Diesseits wie im Jenseits hinfällig. In der letzten in Medina offenbarten Sure ist Folgendes zu lesen:

> „Ihr Gläubigen! Wenn jemand seine Religion verlassen will, dann wird Gott Menschen bringen, die er liebt und die ihn lieben." (Koran 5:54)

Auch in diesem Vers ist nicht die Rede von irgendwelchen Körperstrafen gegen Apostaten. Umgekehrt lesen wir im Koran wiederholt, dass es keinen Zwang zur Religion gibt und es den Menschen zusteht, frei zu entscheiden, ob sie der Rechtleitung folgen oder in die Irre gehen. Und dafür tragen die anderen Menschen keine Verantwortung (Koran 10:108).[96] Auch in der Sure *Die Ungläubigen* wird zwischen den Gläubigen und den Ungläubigen unterschieden. Muḥammad soll den Ungläubigen mitteilen: „Ihr habt eure Religion und ich die meine" (Koran 109:6).

Der muslimische Gelehrte Muḥammad Munīr lehnt in seinem Buch *Das Töten des Apostaten. Ein Verbrechen, das der Islam verboten hat* jede Hinrichtung vermeintlich Ungläubiger vehement ab. Er weist nach, dass der Prophet Muḥammad keinen seiner Mitmenschen, der dem Islam abtrünnig geworden war, töten ließ. Seine Aufgabe lag darin, als Gesandter die Botschaften Gottes zu verkünden und nicht darin, Recht zu sprechen und seine Mitmenschen zu verurteilen.[97]

Zwei Jahrhunderte nach dem Tod des Propheten erfanden einige Gelehrte Äußerungen des Propheten, welche die Hinrichtung von Apostaten legitimieren sollten. Der Prophet soll gesagt haben: „Wer seine Religion ändert, muss getötet werden." Mālik Ibn Anas (715–795), der Begründer der sunnitisch-malikitischen Rechtsschule, definierte sogar die Art der Tötung: „Wer seine Religion ändert, dem schlagt den Kopf ab." Die verschiedenen überlieferten Versionen dieser Aussage sind ein deutlicher Hinweis für deren fiktiven Charakter – sonst hätte man eine einheitliche Formulierung erwarten können.

Zur Legitimation der Hinrichtung von Apostaten wurde sogar die islamische Geschichte phantasiereich verfälscht. Im Jahr 632 nach dem Tod des Propheten soll sein Nachfolger Abū Bakr aṣ-Ṣidīq (reg. 632–634) die sogenannte Abfallbewegung zahlreicher Stämme auf der Arabischen Halbinsel bekämpft haben. Abū Bakr soll nach dem Tod des Propheten die Apostaten getötet haben. Späteren Gelehrten galt dies als Präzedenzfall. Jedoch kann man bei genauerer historischer Prüfung feststellen, dass er Krieg gegen andere Muslime führte, weil diese sich weigerten, Almosensteuer abzugeben. Einige der Abtrünnigen waren obendrein mit seiner Ernennung zum Nachfolger des Propheten nicht einverstanden.[98] Diese Ereignisse hatten also nichts mit Religion zu tun, sondern rein politische Gründe.

Apostasie avancierte im Laufe der Geschichte zum Totschlagargument im Kampf gegen politische Gegner oder Andersdenkende. Es steht indes fest, dass die Hinrichtung von Apostaten nicht religiös legitimierbar ist. Niemand hat das Recht, andere Menschen zu Ungläubigen zu erklären, geschweige denn über Leben und Tod eines Anderen zu entscheiden. Bis heute wird die Tötung von Apostaten in den Moscheen gepredigt und in den Schulen und theologischen Instituten der islamischen Länder gelehrt.

Es ist höchste Zeit, sich von dieser unmenschlichen und scheinfrommen Praxis zu distanzieren. Freiheit und Selbstbestimmung sind das höchste Gut, das den Muslimen und allen Menschen von Gott zugestanden wird; sie dürfen ihnen nicht im Namen politischer Interessen von Menschen wieder genommen werden. Denn diese von Gott gegebene Freiheit bedeutet nicht nur, dass der Muslim in seinem Glauben und Handeln frei ist. Sie bedeutet auch, den Islam ohne Furcht um sein Leben verlassen zu können. Nicht Gott ist ein Fanatiker, sondern die selbsternannten Gelehrten, die glauben, dass es ihre Aufgabe sei, Gott und sein vermeintliches Recht zu beschützen. Glauben sie wirklich, dass Gott so schwach ist, dass er solche Rechtsanwälte braucht?

29. „Die Würde des Menschen ist unantastbar" – das gilt auch für den Islam und die Muslime.

Der erste Artikel des deutschen Grundgesetzes, „Die Würde des Menschen ist unantastbar", drückt einen universalen Humanismus aus. Er gilt für alle Menschen, unabhängig von ihrer Religionszugehörigkeit und Weltanschauung. Jeder Mensch hat die gleichen Rechte, die er ausüben kann, solange er nicht die Rechte der Anderen verletzt. Diesen Grundsatz müssen auch die Muslime verinnerlichen. Sie sind weder die einzigen Angehörigen einer monotheistischen Religion noch die Inhaber der einzigen Wahrheit, durch die sie zur einzigen auserwählten Gemeinschaft würden, die Gott je gestiftet hat. Alle Menschen sind gleich, ob sie glauben oder nicht glauben. Das bedeutet, Respekt vor der Eigenart eines jeden Menschen zu haben. Jeder darf selbst bestimmen, wer er ist, wie er ist, wie er leben will und wen er lieben will. Das ist die Würde des Menschen, eine kostbare Sache – die in den Lehren des Islam endlich eingeführt werden muss.

Niemand darf Menschen im Namen des Islam töten, so steht es auch im Koran:

> „Wenn jemand einen tötet, der keinen anderen getötet, auch sonst kein Unheil auf der Erde gestiftet hat, soll es

> so sein, als ob er die Menschen alle getötet hätte. Und wenn jemand einen Menschen am Leben erhält, soll es so sein, als ob er alle Menschen erhalten hätte.“ (Koran 5:32)

Auch der Selbstmord der islamistischen Attentäter ist im Koran strikt verboten:

> „Und tötet euch nicht selbst! Gott ist euch gegenüber voll Erbarmen.“ (Koran 4:24)

Zwei mekkanische Koranpassagen erlauben, einen Menschen aus einem triftigen Grund zu töten (Koran 6:151 und 17:33). Doch auch diese Passagen muss man in ihrem historischen Kontext sehen: Im 7. Jahrhundert, einer Zeit, in der Blutrache Schlachten und Stammeskriege auslösen konnte, waren diese Regelungen ein zivilisatorischer Fortschritt, weil sie die Gewalt eindämmten. Heutzutage indes sind diese Regeln obsolet.

Was für eine Ironie des Schicksals: Muslime sind heute sehr stolz auf frühere islamische Philosophen, Theologen und Freigeister und betrachten sie als einen Teil ihrer kollektiven Identität. Ausgerechnet diese Denker wurden jedoch Opfer des konservativen Islam und all ihre fortschrittlichen Ideen wurden konterkariert. Teils wurde ihre öffentliche Hinrichtung mittels Rechtsgutachten legitimiert. Es scheint, dass viele Muslime unter kultureller Amnesie leiden, doch nur wenige Beispiele genügen, um das Ausmaß der Verfolgung deutlich zu machen: Der Theologe Ǧa‘d Ibn Dirham (666–724) etwa wurde am Tag des Opferfestes, einem Tag der Versöhnung, vor der Kanzel in der Moschee von Kufa enthauptet. Dem bedeutenden Prosaautor und Übersetzer von Gedichten aus dem Persischen ins Arabische Ibn al-Muqaffa‘ (724–759) wurden seine Glieder bei lebendigem Leibe abgeschnitten und ins Feuer geworfen. Der berühmte Dichter Baššār Ibn Burd (714–783) wurde zu Tode gepeitscht. Der bedeutendste Historiker und Korankommentator aṭ-Ṭabarī (839–923) wurde als Schiit diffamiert und durfte fortan nicht mehr lehren und predigen. Nach mehrtägiger Belagerung seines Hauses starb er. Al-Ḥallāǧ (857–922), einer der bekanntesten Sufis und Dichter, wurde ebenfalls öffentlich hingerichtet. Er wurde tausendmal gepeitscht. Am Folgetag wurden seine Füße, Hände und sein Kopf abgeschlagen und seine sterblichen Überreste wurden gekreuzigt. Schließlich wurden seine Überreste verbrannt. Der Theologe Ibn ar-Rāwandī (827–911) entkam seiner Hinrichtung nur, weil er rechtzeitig entfloh. Auch Ibn Rušd (1126–1198), in der westlichen Philosophie unter dem Namen Averroes bekannt, entkam dem Tod durch Flucht. Seine Werke wurden verboten und verbrannt.

Die Liste der Opfer im Namen des Islam lässt sich beliebig bis in die Gegenwart verlängern. Nur ein aktuelleres Beispiel: Ali Dashti (1894–1982), der das politische Handeln des Propheten kritisierte, wurde nach der Machtübernahme Khomeinis im Iran im Jahr 1979 verhaftet und starb an den Verletzungen, die er durch Folter erlitten hatte.[99]

Die Würde des Menschen ist im Koran durch Gott geschützt, wie in der medinensischen Sure 2, Vers 30 zu lesen ist, in der Gott sich entscheidet, den Menschen als seinen Vertreter auf Erden einzusetzen. Mit diesem Akt begründet Gott die Würde des Menschen, denn damit ist der Mensch von Gott anerkannt. Auch in einer mekkanischen Sure spricht Gott davon, dass er den Menschen sichtlich ausgezeichnet hat (Koran 17:70). Interessanterweise spricht der Koran in diesem Zusammenhang von Menschen und nicht von Muslimen. Dass bedeutet also, dass die Würde aller Menschen von Gott geschützt und damit unantastbar ist.

Dem widerspricht die Überzeugung vieler Muslime, dass es nur eine einzige heilige Schrift gibt, nämlich den Koran, und dass Apostaten für ihren Irrglauben mit dem Leben zahlen müssen. Wenn es keine Räume für andere Religionen oder Weltanschauungen gibt, wenn Muslime sich allein als die echten Gläubigen betrachten und alle anderen als Ungläubige verteufeln, sprechen sie ihnen ihre Würde als Menschen ab. Von der Herabwürdigung eines Menschenlebens ist es kein weiter Weg mehr zu seiner Zerstörung. Doch kein Muslim hat das Recht, Juden, Christen und Atheisten zu dämonisieren. Die Reform des Islam lehnt Hass auf die angeblichen „Ungläubigen" vehement ab.

30. Der Dialog unter den Muslimen ist unentbehrlich, denn es gibt im Islam keine auserwählte Glaubensgemeinschaft.

Nach dem Tod des Propheten Muḥammad kam es unter den Muslimen zum Streit über seine Nachfolge. Während des Kalifats von Uṯmān Ibn ʻAffān erreichte diese Auseinandersetzung einen neuen Höhepunkt. Seine Ermordung wurde zum Ausgangspunkt eines Bürgerkrieges unter den ehemaligen Glaubensbrüdern. Die Lage verschärfte sich mit der Übernahme des Kalifats durch den Schwiegersohn des Propheten, ʻAlī Ibn Ṭālib (reg. 656–661). Nach der Schlacht von Ṣiffīn (657) war die Spaltung der Urgemeinde endgültig. Die Schlacht endete mit einem Schiedsspruch, den die meisten muslimischen Historiker als Ausgangspunkt für die Entstehung der verschiedenen islamischen Glaubenskonfessionen betrachten.

Die Zersplitterung der ersten Gemeinde war politisch und nicht religiös bedingt. Sie gewann allmählich deutlichere Gestalt durch politische Kontroversen und Diskussionen unter den Gelehrten der nunmehr entstandenen verschiedenen Gruppierungen, die später in theologische und dogmatische Differenzen mündeten. Jede Gruppe wollte sich von den anderen unterscheiden und so religiös und politisch legitimieren. Die meisten muslimischen Häresiografen, die sich mit den muslimischen

Glaubensgemeinschaften beschäftigen, suchen nach Beweisen im Koran und in der Sunna, welche die Spaltung der ersten muslimischen Gemeinde und die Entstehung der verschiedenen Konfessionen legitimieren. [100] Hierbei berufen sie sich vor allem auf den sogenannten *ḥadīt al-iftirāq* (Die Überlieferung über die Abspaltung), laut welcher der Prophet gesagt haben soll:

> „Die Gemeinde Moses' ist in einundsiebzig konfessionelle Gruppen gespalten. Nur eine davon geht ins Paradies, und der Rest geht in die Hölle. Die Gemeinde Jesus' ist in zweiundsiebzig gespalten. Nur eine davon geht ins Paradies, und der Rest geht in die Hölle. Meine Gemeinde wird sich in dreiundsiebzig spalten. Nur eine davon geht ins Paradies, und der Rest geht in die Hölle."[101]

Ein anderer Gelehrter namens aš-Šahrastānī (1086–1153) erwähnt die erste Hälfte dieses Textes nicht. Die Prophetenaussage beginnt bei ihm mit der Spaltung der Gemeinde Muḥammads in 73 konfessionelle Gruppen, von denen nur eine überleben und die anderen zugrunde gehen würden. Er führt die Aussage fort:

> „Der Prophet wurde gefragt, wer *die gerettete Glaubensgemeinschaft* sei. Er antwortete: Die *Sunniten*. Er wurde gefragt, wer diese seien. Er erwiderte: was ich und meine Gefährten befolgen. "

Um zu bekräftigen, dass die *ahl as-sunna* die auserwählte Gruppe sei, zitiert aš-Šahrastānī Sure 7, Vers 181:

„Und unter denjenigen, die wir geschaffen haben, gibt es eine Gemeinschaft *(umma)* (von Leuten), die (ihre Gefolgschaft) nach der Wahrheit leiten und danach Gerechtigkeit üben."[102]

Die Behauptung der Sunniten, sie allein seien auserwählt, ist eine reine Erfindung des politischen Islam und bis heute Grund für binnenislamische Konflikte zwischen Sunniten und Schiiten.

Ein berühmter Satz von Farağ Fūda besagt über die Muslime:

„Meistens wissen wir, wie wir uns einigen. Allerdings wissen wir noch nicht, wie wir uns nicht einig sein können."[103]

Die muslimische Welt ist heute mehr denn je zerrissen. Muslime scheinen außerstande, zwischen divergierenden Meinungen zu vermitteln. Eine gewisse Paradoxie, denn was im Koran sofort ins Auge sticht, ist der permanent geführte Dialog. Immer und überall wird miteinander geredet und diskutiert, um sich der Lehren des Islam dialogisch zu vergewissern.[104]

Die Dialoge im Koran haben auch eine pädagogische Dimension: Muslime sollen so gerade lernen, Fragen des Glaubens und des richtigen Lebens im Widerstreit der Argumente zu klären.

31. Versöhnte Vielfalt in der dialogischen Begegnung: Religiös zu sein bedeutet heute interreligiös zu sein.

„Der Mensch wird am Du zum Ich."

Martin Buber

Spätestens seit dem islamistischen Terrorangriff am 11. September 2001 auf das World Trade Center in New York gilt der interreligiöse Dialog als Desiderat. Das katastrophale Ereignis hat uns eingeschärft, dass Religionen nicht nur dem Frieden dienen, sondern auch ein verheerendes Gewaltpotenzial aufweisen, gerade wenn sie von fundamentalistischen Gruppierungen instrumentalisiert werden. Die Zeit scheint deshalb reif zu sein für eine tiefgreifende Besinnung auf gemeinsame Wurzeln, verbindende Werte und gemeinsame Handlungsmöglichkeiten.

„Religiös sein bedeutet heute unausweichlich interreligiös zu sein", schreibt Christoph Gellner über das Christsein heute.[105] Kulturelle Vielfalt ist zumindest im Westen kein abstrakter Terminus mehr, sondern gelebte Realität. Die multikulturelle Pluralität ist ein Faktum, mit dem die Menschen in ihrer alltäglichen Lebenswelt konfrontiert sind. Interreligiöses Lernen scheint der Königsweg[106] zum geregelten Miteinander in dieser Zeit.

Schon im Jahre 1983 rief der jüdische Theologe Pinchas Lapide zum „brüderlich-redlichen Trialog“ im Interesse „unserer heutigen Glaubwürdigkeit“ auf.[107] Der interreligiöse Dialog hat in der christlichen Lehre eine lange Tradition. Gotthold Ephraim Lessing postulierte in den Begegnungen der Weltreligionen Toleranz dem anderen gegenüber.[108] In den letzten 15 Jahren des 20. Jahrhunderts hat auch die christliche Theologie die Notwendigkeit und Bedeutung des interreligiösen Dialogs erkannt und in ersten Ansätzen konzeptionell und methodisch vorangetrieben.

Wir Muslime hingegen stehen ganz am Anfang, denn die Mehrheit unter uns scheut sich vor dem interreligiösen Dialog. Andere monotheistische Religionen sind für Muslime oft *terra incognita*. Muslime wissen nur wenig oder gar nichts über die anderen Religionen.

In Anlehnung an Martin Buber kann man sagen, dass der interreligiöse Dialog der Religionen ein aktives Verhältnis zwischen Ich und Du konstituiert.[109] Interreligiöser Dialog bedeutet in erster Linie, Bekanntes besser zu verstehen und Fremdes kennenzulernen. Eine evidente Vorrausetzung für einen erfolgreichen Dialog zwischen den Religionen ist die Anerkennung des Gesprächspartners als Gleichberechtigten. Bereits Jürgen Habermas hat aus philosophischer Sichtweise bemerkt, dass ein besonderes Potenzial in der religiösen Toleranz liegt, welche als „Schrittmacher für einen richtig verstandenen Multikulturalismus und die gleichberechtigte Koexistenz verschiedener kultureller Lebensformen innerhalb eines demokratisch verfassten Gemeinwesens“[110] zu betrachten ist.

Die Anerkennung des Anderen ist eine moralische Verantwortung, denn sie gewährleistet die Verbindung zwischen Selbstreflexion und Orientierung hin zum Anderen. Durch diese dialogische Begegnung kann die eigene religiöse Identität nicht nur entdeckt, sondern auch neu definiert werden. So vollzieht sich die wechselseitige Anerkennung des Anderen in seiner Andersheit.[111]

Im Rahmen einer dialogisch-kommunikativen Begegnung darf das Verhältnis der Religionen nicht auf Unterschiede reduziert werden. Auch die Gemeinsamkeiten der Religionen müssen betont werden. Jedoch ist der interreligiöse Dialog keine Koalition zwischen Verhandlungspartnern, an deren Ende ein gemeinsames Programm formuliert wird. Der interreligiöse Dialog ist auch keine Kuschelstunde, denn über Missverständnisse und Konflikte in Vergangenheit und Gegenwart muss offen gesprochen werden. Das Ziel ist die Schaffung einer verbindlichen, gemeinsamen Ethik der drei monotheistischen Religionen, um ein menschliches, friedliches und tolerantes Zusammenleben zu stiften.

Eine sachliche Begründung für den Dialog des Islam mit Juden und Christen ist im Koran selbst zu finden. In der mekkanischen Sure 29, Vers 46 werden die Muslime ausdrücklich aufgerufen, einen Dialog mit Juden und Christen zu führen:

> „Wir [Muslime] glauben an das, was auf uns herabgesandt und was auf euch [Christen und Juden] herabgesandt wurde. Unser Gott und euer Gott sind einer."

Dies bedeutet, dass alle Anhänger der monotheistischen Religionen an denselben Gott glauben. Deshalb hat Gott die Menschen zu Völkern gemacht, damit sie sich kennenlernen (Koran 49:13).[112] In einer medinensischen Koranstelle beschreibt Gott die Juden und die Christen als eine Gemeinschaft, die an Gott und an den Jüngsten Tag glauben. Sie gebieten das Rechte, verbieten das Schlechte und sind bereit zu guten Taten (Koran 3:113–114, vgl. auch 2:121). Das Volk des Moses gilt dem Koran nach auch als eine Gemeinschaft, die von Wahrheit und Gerechtigkeit geleitet ist (Koran 7:159). Auch die Christen werden in einer medinensischen Sure als Gläubige betrachtet (Koran 57:28). Interessanterweise bevorzugt Gott nicht den Muslim vor den Juden und den Christen. In einer medinensischen Sure betont er, dass vor Gott alle gleich sind, entscheidend sind allein ihre Taten:

> „Es geht nicht nach euren Wünschen, auch nicht nach denen der Leute der Schrift. Wenn einer Böses tut, wird ihm dafür vergolten. Er findet für sich außer Gott weder Freund noch Helfer. Wer da Gutes tut, ob Mann oder Frau, und dabei gläubig ist, wird ins Paradies gehen. […]" (Koran 4:123–124)

Der Koran selbst betrachtet sich aber auch als eine ausdrückliche Bestätigung der Offenbarungen der Thora und der Evangelien (z. B. Koran 2:91 und 4:47). Wenn die Muslime nicht mehr weiter wissen, weist der Koran sie sogar an, die „Leute der Mahnung" zu fragen (Koran 16:43 und 21:7). Mit „Leute der Mahnung" sind im Koran die Schriftgelehrten des Judentums und des Christentums gemeint. Die Liste solcher Passagen aus dem humanistisch-ethischen Koran kann beliebig verlängert werden.

In der gegenwärtigen Kultursituation gibt es keine einzige singuläre Religion, die sich bewusst von anderen Religionen abschirmen könnte. Religionen leben miteinander und voneinander. Dieser Gedanke ist der Grundsatz der Reform des Islam, denn die Religionen können sich durch den interreligiösen Dialog im Rahmen einer kommunikativen Begegnung ihrer Anhänger wiederbeleben und das emotionale Gefühl der Religionszugehörigkeit intensivieren. Deshalb kann gesagt werden, dass die „Einheit durch die Vielfalt“ im Rahmen des interreligiösen Dialogs das Denken und Nachdenken über den eigenen Glauben fördert.

32. Keine Religion ist im Besitz der absoluten Wahrheit und kein Mensch hat den Schlüssel zum Paradies.

Nach konservativer Lesart kann nur der Islam als einzig wahre Religion gelten. In einem medinensischen Koranvers ist zu lesen:

> „Als [einzige wahre] Religion gilt bei Gott der Islam." (Koran 3:19)

In derselben Sure heißt es:

> „Wenn sich aber einer eine andere Religion als den Islam wünscht, wird sie nicht [als Ersatz für den wahren Glauben] von ihm angenommen werden." (Koran 3:85)

Den konservativen Gelehrten zufolge ist die muslimische Gemeinde die beste, die Gott je gestiftet hat. Sie sei diejenige, die gebietet, was recht und was verwerflich ist. Wenn Juden und Christen auch an den Islam glauben würden – umso besser für sie (Koran 3:110).

In der ersten in Medina geoffenbarten Sure heißt es jedoch:

> „Diejenigen, die glauben [d.h die Muslime] und diejenigen, die dem Judentum angehören, und die Christen und die Sabier – [alle] die, die an Gott und den Jüngsten Tag glauben und tun, was recht ist, denen steht bei ihrem Herrn ihr Lohn zu, und sie brauchen [wegen des Gerichts] keine Angst zu haben und sie sollen auch nicht traurig sein.“ (Koran 2:62)

Dieser Koranvers wiederholt sich auch in der letzten geoffenbarten Sure (Koran 5:69). Beide Stellen verweisen darauf, dass alle Religionen Anspruch auf Wahrheit haben. Wichtig ist dabei nur der Glaube an Gott, an den Jüngsten Tag sowie an das gute Handeln. In einer anderen medinensischen Sure ist zu lesen:

> „Zwischen denjenigen, die glauben [d.h die Muslime] und denjenigen, die dem Judentum angehören, den Sabiern, den Christen, den Zoroastriern und denjenigen, die [dem einen Gott andere Götter] beigesellen, wird Gott am Tag der Auferstehung entscheiden.“ (Koran 22:17)

Diese Stelle betont mit Nachdruck, dass es nicht zu den religiösen Kompetenzen der Menschen gehört zu entscheiden, wer gläubig ist und wer nicht. Denn dies ist die Entscheidung Gottes im Jenseits. Die Wahrheit bleibt dem Menschen verborgen. Von Gott und dem letzten Grund gibt es nur Ansichten, aber keine Gewissheiten.

Es ist die Zeit gekommen, dass die Muslime den apriorischen Wahrheits- und Überlegenheitsanspruch aufgeben, der bis heute im muslimischen Glauben vorherrscht. Der Gedanke, dass die eine oder die andere Religion als einzige den Absolutheitsanspruch auf Wahrheit hat, gehört der Vergangenheit an.

Wir Muslime sind kein exzeptionelles Volk, das von Gott mit der besten und wahrsten Religion beschenkt wurde. Dieser religiöse Narzissmus hat mit der Realität nichts zu tun. Wir Muslime sind nicht das auserwählte Volk.

33. Der Islam hat die Frauen nicht zu freien Menschen gemacht, sondern zu Knechten der Männer. Die Frauen des Islam müssen sich erheben, denn ihre Peiniger werden sie nicht befreien.

Immer wieder werden Töne laut, sexuelle Belästigungen hätten mit dem Islam nichts zu tun. Zuletzt war dies insbesondere nach den schrecklichen Ereignissen der Silvesternacht 2016 in Köln der Fall. Solch ein rhetorisches Schönreden erinnert an die Behauptung, der Islam habe nichts mit Gewalt zu tun. Muslimische Wortführer aus den Dachverbänden warnen vor einer Kulturalisierung des Verbrechens oder davor, alle hier lebenden Muslime als Sündenböcke zu behandeln. In dieser Debatte zeigt sich wieder einmal, dass sich die westlichen Muslime nur zu gerne in eine Opferrolle flüchten. Über die tatsächlichen Opfer, die sexuell belästigten Frauen mit ihren schmerzhaften Traumata, wird in der muslimischen Gemeinde hingegen geschwiegen.

Die Hintergründe für die Unterdrückung und Diskriminierung der Frauen können in unterschiedlichen Kulturen sehr unterschiedlich ausfallen. Verschiedene kulturelle Gründe, wie Bildung, Sozialisation, Erziehung und die Tabuisierung der Sexualität, spielen hierfür in der islamischen Kultur eine essenzielle Rolle. Jedoch leistet auch der Islam selbst einen erheblichen Beitrag zur Unterdrückung und Verachtung von Frauen, die oft sogar zu sexueller Gewalt gegen diese führt.

Seit der Entstehung des Islam im 7. Jahrhundert feiern die Muslime die koranische Offenbarung als Befreiung der Frauen vom Joch der Sklaverei der vorislamischen Zeit. Dazu wird beispielsweise an das Verbot der vorislamischen Praxis durch den Koran erinnert, neugeborene Mädchen aus wirtschaftlichen Gründen zu verscharren (Koran 81:8). Auch die gängige Praxis, dass die Witwe eines Verstorbenen gegen ihren Willen seinen Bruder heiraten musste, wird im Koran verboten (Koran 4:19–21).

Besonders aber im medinensischen Teil des Koran werden Frauen zur zweiten Klasse der muslimischen Gemeinde degradiert. Laut dem Koran ist es einem Mann erlaubt, bis zu vier Frauen zu heiraten sowie mit seinen Sklavinnen im Konkubinat zu leben (Koran 4:3). Allerdings hat die Gleichbehandlung der vier Ehefrauen einen sehr hohen Stellenwert. In derselben Sure betont der Koran die einseitige männliche Dominanz gegenüber Frauen, denn „die Männer stehen über den Frauen" (Koran 4:34). Diese Koranstelle legt die Hierarchie zwischen den Geschlechtern eindeutig fest, die Frau wird zu einem Schatten des Mannes degradiert, auf den herabzuschauen ist. Ist die Frau widerspenstig, so muss sie von ihrem Ehemann ermahnt, im Ehebett gemieden oder geschlagen werden (Koran 4:34). Daher fordert das islamische Recht die Unterwerfung der Frauen und ihren absoluten Gehorsam. Bei der Erbteilung gesteht der Koran ihnen nur die Hälfte des Anteils ihrer Männer zu (Koran 4:11–12). Auch im Prozessrecht zählen die Frauen nur als halbe Zeuginnen (Koran 2:282). In Sure 2, Vers 223 werden Frauen gar als „Saatfeld der Männer" bezeichnet; die Männer gehen zu ihnen, wann immer sie wollen.

Auch die Sunna vermittelt kein gutes Bild der Frau. Sie verschärft deren Einschränkungen sogar noch deutlich. Häufig finden sich Aussagen wie: „Frauen mangelt es an Verstand und Religion“, „das Gebet wird ungültig, wenn eine Frau, ein Esel oder ein Hund an dem Betenden vorbeilaufen“, „die meisten Bewohner der Hölle sind Frauen“, „Frauen sind durch und durch verdorben, deswegen sperrt sie zu Hause ein“ oder „wenn der Prophet jemandem befehlen würde, sich vor jemandem niederzuwerfen, dann würde er sagen, dass sich die Ehefrau vor ihrem Ehemann niederwerfen soll“. Nicht nur durch den Koran, sondern auch durch die Tradition des Propheten und deren Rezeption durch die islamische Rechtslehre entstand ein Zerrbild des Lebens, der Weiblichkeit und der Sexualität der Frauen im kollektiven Bewusstsein der Muslime, das mit der Wirklichkeit wenig zu tun hat – egal zu welcher Glaubensgemeinschaft sie gehören. Muslimische Rechtsgelehrte haben die Liebe geleugnet und damit das Verhältnis zwischen Frau und Mann geradezu entstellt. Die Frau ist ein hilfloses Wesen, das vor dem männlichen Triebtier geschützt werden muss.

Auf diesen kanonischen Grundlagen legte das islamische Recht im Laufe der Jahrhunderte den Grundstein zur Geringschätzung und Erniedrigung der muslimischen Frauen. Im Interesse der männlichen Dominanz, die von Stammesgeist und Clanmentalität beherrscht wird, werden sie auf sexuelle Objekte reduziert. Sie wurden zu Objekten degradiert, auf einer Stufe mit Dingen und Tieren. Sie dienen allein dem sexuellen Genuss, als Werkzeuge erfüllen sie die Funktion, das männliche Gemüt zu befriedigen.

Entsprechend unterdrückt leben sie in den muslimischen Gesellschaften: Frauen dürfen keine politischen Ämter innehaben, sonst würde Gott die Gesellschaft verfluchen. Verließe die Frau ihr Zuhause ohne Kenntnis oder Einverständnis des Ehemannes, so würden die Engel sie verfluchen, bis sie zurückkehrt. Auf Reisen muss sie unbedingt von ihrem Vormund begleitet werden. Und tatsächlich werden Frauen in einigen arabisch-muslimischen Ländern ohne männliche Begleitung leicht Opfer sexueller Nötigung. Nicht einmal die Kopfbedeckung kann sie vor dem Sexualtrieb der Männer schützen. Diese desolate Lage zwingt die muslimischen Frauen, sich mit ihrem Schicksal als Unterdrückte abzufinden. Letztendlich sind sie das Eigentum der Männer, die mit ihnen machen können, was sie wollen. Und da sie an Rebellion denken könnten, stellen sie eine ständige Gefahr für die männliche Vorherrschaft dar, die einzudämmen ist, indem Frauen verboten wird, ihr Zuhause zu verlassen beziehungsweise außer Haus zu arbeiten.

Spricht man von einer Frau in den islamischen Gesellschaften, dann wird sie schlicht auf ein Sexualorgan reduziert. Sie ist zu einem Symbol der Sünde geworden. Die männliche Herrschaft, legitimiert durch die kanonischen Quellen des Islam, hat die Frau als Mensch getötet. Sogar in der arabischen Sprache manifestiert sich die Rolle der Frau als Objekt des männlichen Begehrens: Die Wechseljahre werden beispielsweise als das „Alter der Verzweiflung" (*sinn al-ya's*) bezeichnet. Als hätten Frauen, die nicht länger gebärfähig sind, nichts anderes mehr zu tun, als auf den Tod zu warten!

Das sexistische Denken teilt Frauen brutal in zwei Kategorien auf: Entweder sind sie „heilige Mutter" oder „billige schleierlose Huren" – ganz zu schweigen von Frauen, die nicht muslimisch sind! Denn mit ihnen darf ein Mann machen, was er will. Ich erinnere an dieser Stelle an den fünfjährigen Jungen, der seine Erzieherin nur mit der linken Hand begrüßen wollte, da sie eine Ungläubige (*kāfira*) sei. Keine andere Gesellschaft hat so viel Angst vor Frauen, die ihr Leben selbstbestimmt führen, wie die muslimische. Frauen sind hier die ewigen Feinde der männlichen Herrschaft. Doch die muslimischen Männer alleine könnten diese Machtstrukturen nicht aufrechterhalten. Sie verlassen sich auf zuverlässige weibliche Helferinnen: Es handelt sich bei ihnen meist um bereits unterworfene Mütter und Schwestern, die kein Interesse an der Freiheit ihrer Töchter haben.

Keine Vorstellung bestimmt den Alltag der arabisch-islamischen Gesellschaft und das Frauenbild so sehr wie das der „Ehre" (*šaraf*). Die Ehre der Männer definiert sich demnach über das vorbildliche Benehmen ihrer Frauen außerhalb des Hauses. Für Frauen darf es keinen Geschlechtsverkehr außerhalb der Ehe geben. Tut dies hingegen ein Mann, so wird die Würde seiner Familie – anders als bei einer Frau – nicht infrage gestellt. Jeder gesunde Umgang zwischen den Geschlechtern bleibt Frauen somit untersagt, weshalb man sich nicht wundern darf, dass sexuelle Gewalt ein Bestandteil des Alltags der Menschen in der arabisch-islamischen Kultur ist. Auch wenn die Wahrheit unangenehm sein mag: Es vergeht kaum ein Tag, an dem keine exzessive sexuelle Gewalt in der islamischen Welt stattfindet.

Die Reform des Islam muss diese derzeit lediglich im Unterbewusstsein verankerten Sachverhalte, wie die islamische Sexualmoral und die Bereitschaft zu sexualisierter Gewalt gegen Frauen und Andersdenkende, offen thematisieren. Denn eine Religion, deren Sexualmoral Frauen und Mädchen in Heilige und Sünderinnen unterteilt, eine Religion, die nicht in der Lage ist die eigenen Frauen und Töchter zu schützen, bedarf dringend einer Reflexion. Solche verantwortungsvollen Aufgaben können auch von muslimischen Frauen übernommen werden, denn die Vertreter der männlichen Dominanz haben kein Interesse, die Frauen zu befreien. Nur ein von selbstbewussten Frauen getragener und von Männern unterstützter Emanzipationsprozess kann die Musliminnen von der kollektiven Last ihrer Unterdrückung befreien.

34. Das Kopftuch ist keine religiöse Vorschrift, sondern ein historisches Produkt der männlichen Herrschaft.

Es gibt wohl kaum ein Thema in der Ideengeschichte des Islam, das so kontrovers und heftig diskutiert worden ist: das Kopftuch. Worum handelt es sich dabei eigentlich? Um eine religiöse Vorschrift? Ist die Körperbedeckung ein Symbol der feministischen Selbstbestimmung oder eher ein Symbol der Unterdrückung der Frauen?

Das Thema „Kopftuch" hat durch seine intensive Präsenz im öffentlichen Diskurs im westlichen Kontext nichts von seiner Aktualität eingebüßt. Im Gegenteil: Die Frage, ob die Verschleierung der muslimischen Frauen eine religiöse Vorschrift oder ein historisches Produkt der männlichen Herrschaft ist, stellt sich heute schärfer denn je.

Viele konservative oder aus traditionellen Familien stammende muslimische Frauen tragen ein Kopftuch als Symbol ihres Glaubens nicht nur beim Moscheebesuch, sondern auch im Alltag. Häufig wird als Grund für das Tragen eines Kopftuchs auf die kanonischen Schriften des Islam verwiesen. Der Terminus *ḥiǧāb* im Sinne von Kopfbedeckung bzw. Körperverschleierung kommt nicht im Koran vor, obwohl er achtmal mit anderen Bedeutungen auftaucht.[113] Viele Muslime leiten dennoch das Gebot für die muslimische Frau, ihren Kopf zu bedecken, aus dem Koran ab. Meist beziehen sie sich dabei auf Sure 33, Vers 59, die 13. in Medina offenbarte Sure:

> „Prophet! Sprich zu deinen Frauen und deinen Töchtern und zu den Frauen der Gläubigen, sie sollen (wenn sie austreten) sich von ihrem Gewand (über die Brust) herunterziehen. Es ist dann leichter, dass man sie erkennt und sie daraufhin nicht belästigt werden."

In dieser Sure ist die Rede von einem – nicht näher definierten – Kleidungsstück, das sich eine Muslimin über ihren Oberkörper legen soll, sodass sie „als Gläubige erkannt und daraufhin nicht belästigt" wird. Doch wie Rotraut Wielandt richtig bemerkt, spricht sich dieser Koranvers nicht über die genaue Art

> „der belästigungsträchtigen Situation aus, für die die hier gegebene Verhaltensanweisung gelten soll, noch sagt sie, wie genau das Herunterziehen der Gewänder geschehen und was damit verhüllt werden soll. Die Bezeichnung für das herunterzuziehende Kleidungsstück *(al-ǧilbab)* wird in der klassischen islamischen Kommentarliteratur überwiegend als Ausdruck für ein weites umhangartiges Gewand identifiziert, das bei den Alten nur freie Frauen, nicht jedoch Sklavinnen außerhalb des Hauses trugen und das mithin zugleich ein Merkmal ihres soziales Status war."[114]

Der Korankommentator aṭ-Ṭabarī verweist auf die Meinungsverschiedenheit der Gelehrten über die Art des Herunterziehens des Gewands. Einige unter ihnen leiten daraus das Gebot der

Vollverschleierung der Frau ab, einschließlich ihres Gesichts. Andere vertreten die Sichtweise, dass sie nur ihren Kopf bedecken muss. Der muslimische Historiker Ibn Sa'd (784–845) hingegen beschreibt deutlich den historischen Kontext der Entstehung dieser Koranstelle: Die muslimischen Frauen wurden von den Männern in der Dunkelheit, als sie ihre Häuser verlassen hatten, um ihre Notdurft zu verrichten, belästigt. Sie sollten ihr Gewand über die Brust ziehen, damit die Männer sie von den Sklavinnen unterscheiden und als freie Frauen erkennen konnten. Dies lässt die Folgerung zu, dass die Sklavinnen damals ihr Dekolleté nicht bedeckten.

Konservative Gelehrte berufen sich auch auf Sure 24, Vers 31, um die Verschleierung der Frau zu legitimieren. Hierbei handelt es sich um die 15. in Medina geoffenbarte Sure:

> „Und sage den gläubigen Frauen, sie sollen ihre Blicke senken und ihr Schamteil [Vulva] bewahren und ihren Schmuck (*zīna*) nicht zeigen, bis auf das, was ohnehin zu sehen ist, und dass sie sich ihren Schal (*khimār*) um den Schlitz [des Kleides] ziehen und den Schmuck, den sie tragen, niemandem offen zeigen, außer ihrem Mann, ihrem Vater, ihrem Schwiegervater, ihren Söhnen, ihren Stiefsöhnen […] ihren Sklavinnen und männlichen Bediensteten […]"

Aṭ-Ṭabarī ist der Auffassung, dass mit *zīna* hier der dekorative Schmuck gemeint ist. Andere Gelehrte sprechen über das Gesicht als „Schmuck der Frau". Allerdings wird hier sprachlich zwischen Schmuck (*zīna*) und (*ǧamāl*) Schönheit nicht unterschieden, was nicht dafür spricht, dass hier das Gesicht gemeint ist. Aṭ-Ṭabari meint, dass *khimār* die Bedeckung der Haare und des Halses ist. Al-Qurṭubī (1214–1272) wiederum verweist darauf, dass das „Ziehen des Schals" (*kẖimār*) nur meint, dass die Frau den „Schlitz des Kleides" im Sinne des Ausschnitts über der Brust (*ṣadr*) bedecken soll. Der Islamreformer Shahrur vertritt die Sichtweise, dass man an der arabischen Dichtung vorislamischer Zeit ablesen kann, dass die Frauenbekleidung damals aus einem langen und weiten hemdartigen Kleid bestand, bei dem vorn vom Halsausschnitt aus ein offener Schlitz in Richtung Taille nach unten reichte – ein Schlitz also, der, wäre er nicht zusätzlich bedeckt worden, bei bestimmten Bewegungen oder Körperhaltungen den Brustbereich der Frau hätte sichtbar werden lassen. Vor diesem Hintergrund bedeutet die Aufforderung des Koranverses also, die Frauen sollen die Enden ihres Schleiertuchs, des *kẖimār*, so über den Schlitz ihres Kleides schlagen, dass die Möglichkeit aufreizender Einblicke in ihr Dekolleté unterbunden wird.[115] Festzuhalten bleibt, dass der Imperativ des Koran an dieser Stelle nicht lautet, die Frauen sollten ihren Kopf mit dem *kẖimār* bedecken, sondern sehr viel wahrscheinlicher, dass sie den Schlitz ihres Kleides und damit ihr Dekolleté bedecken sollen.

Dennoch folgern traditionsgebundene Religionsgelehrte aus dieser Stelle bis heute einhellig, dass sowohl das Verhüllen des Brustschlitzes des Kleides mittels des *kẖimār* als auch das Tragen des Kopftuchs geboten ist. Von einzelnen namentlich bekannten frühen Autoritäten sind Erklärungen dieser Koranstelle überliefert, die erkennen lassen, dass sie mit dem „Schmuck", von dem hier die Rede ist, zunächst nur am Körper getragene Schmuckstücke verstanden. Dennoch setzte sich unter islamischen Gelehrten die Einschätzung durch, dass das Haar der Frau zu ihrem Schmuck zu rechnen sei, der für den fremden Mann nicht sichtbar sein dürfe. Sieht man sich jedoch die zwei besprochenen Korantexte, die hauptsächlich zur Begründung des Kopftuchs für die Frau herangezogen werden, genau an, so ergibt sich, dass keiner von ihnen die Kopfverschleierung explizit vorschreibt.

Der humanistisch-moderne Islam ist ein Prozess der geistlichen und körperlichen Entschleierung. Denn die Kopfbedeckung ist unislamisch und wird nirgendwo im Koran legitimiert. Sie ist nichts anderes als ein historisches Produkt der männlichen Dominanz über die islamische Frau. Das Kopftuch in allen seinen vielfältigen Äußerungsformen ist ein Symbol der Erniedrigung und seelischen Schikane, die den Frauen im konservativen Islam zugefügt wird. Die Frauen und Mädchen, die behaupten, dass sie sich aus freien Stücken verschleiert haben, sagen nicht die ganze Wahrheit. Der kollektive Druck ihrer muslimischen Umwelt ist einfach unbeschreiblich. Wegen der Angst vor dem Ausschluss aus ihren Gemeinden sind sie gezwungen, sich zu bedecken. Auch Neo-Muslimas (Konvertitinnen) tragen ein Kopftuch in der Regel letztendlich nur, um in die Gemeinde der Muslime aufgenommen zu werden.

Auch wenn es unangenehm klingen mag: Die Institutionalisierung des Kopftuchs im Namen der Religion ist die Intensivierung einer lange gepflegten Feindschaft der islamischen Männer den Frauen gegenüber. Die Verschleierung der Frau will die männliche Herrschaft in ihren patriarchalischen Dominanzstrukturen befestigen. Die Männer wollen die Frauen als Körper und Stimme abschaffen. Doch im Koran selbst heißt es:

> „Und die Gläubigen Männer und Frauen sind untereinander Freunde. Sie gebieten, was recht ist, und verbieten, was verwerflich ist […]“ (Koran 9:71)

An diesem Grundsatz müssen wir Muslime uns orientieren und danach leben. Entsprechend muss auch die Kopftuchpflicht für Frauen im Islam abgeschafft werden. Erst dann kann endlich die Versöhnung zwischen den Geschlechtern gelingen.

35. Nicht der Koran, sondern die männliche Herrschaft des konservativen Islam verbietet den Frauen, als Imaminnen in ihren Gemeinden tätig zu sein.

Seit der Entstehung des Islam ist diese Religion eine reine Männerangelegenheit. Muslimische Frauen konnten an der Deutung der kanonischen Quellen nie teilhaben. Außerdem gibt es eine kultische Ungleichheit in der islamischen Rechtslehre: Wenn eine Frau ihre Menstruation hat, darf sie weder beten noch fasten. Beim Gebet in den Moscheen beten die Frauen in separaten Räumen. Auch die Ideengeschichte des islamischen Diskurses hat den Frauen im Laufe der Jahrhunderte keine tragende Rolle in der Moschee zugedacht, denn ihnen ist vorgeschrieben, dass sie nur passive Gestalten sind, obwohl sie die gleichen gottesdienstlichen Handlungen wie die Männer verrichten. Es wurde nie zugelassen, dass die Frauen sich in theologische Debatten einmischen. Das Amt des Imam ist ihnen seit Jahrhunderten bis heute verwehrt geblieben. Sie können weder ein Gebet in einer Moschee leiten noch eine Predigt halten – ganz zu schweigen vom Freitagsgebet. Auch vom *Iǧtihād,* dem individuellen Räsonieren über islamische Normen, sind die Frauen ausgeschlossen. Und somit gelten sie im religiösen Bereich lediglich als Nachahmerinnen.

Es ist kaum zu hoch gegriffen, wenn man von einem Sklavenstatus der Frau im Islam spricht. Die islamische Kultur kennt den Gedanken von Gleichberechtigung oder Emanzipation der Geschlechter nicht. Die Frauen sind geboren zu gehorchen und zur Zufriedenheit der Männer beizutragen. Auch wenn die Frauen außerhalb des Hauses arbeiten, bleibt ihr angestammter Platz der am Herd und im Haushalt. Doch beginnt sich die Lage der muslimischen Frauen im Westen allmählich zu ändern. Ein Beispiel ist die Eröffnung einer liberalen Moschee namens Ibn-Rushd-Goethe-Moschee in Berlin am 16. Juni 2017, in der eine Frau als Imamin tätig ist. Dieses Ereignis scheint ein gesellschaftliches Reizthema erster Ordnung in der ganzen Welt zu sein. An jenem Freitag wurde der Gebetsruf von einer Frau gemacht. Auch die Freitagspredigt wird von einer Frau gehalten. Das ist an sich nichts Neues, denn solche liberalen Moscheen gibt es im Westen schon seit Längerem. Zum ersten Mal in der Geschichte des Islam wird allerdings das rituelle Freitagsgebet von einer Frau und einem Mann gemeinsam gehalten – ein Novum in der muslimischen Welt. Die Vertreter des konservativen Islam und die Wortführer des religiösen Establishments in der islamischen Welt fühlen sich von solch einem liberal-humanistischen Reformislam, der die Menschen zur Freiheit und Selbstbestimmung führt und die männliche Dominanz zu brechen sich anschickt, stark provoziert. Wichtige Institutionen in der islamischen Welt verurteilen deshalb die neue liberale Moschee in Berlin.

Am 19. Juni 2017, also nur drei Tage nach der Eröffnung, bezog die Fatwa-Behörde in Ägypten Stellung zur Ibn-Rushd-Goethe-Moschee. Die religiösen Beamten dieser Behörde sind Absolventen und Gelehrte der Azhar Universität in Kairo und ihr Wort hat in den sunnitischen Gemeinden auf der ganzen Welt großes Gewicht. Wenn man die in dem religiösen Statement verwendete Sprache genau unter die Lupe nimmt, so handelt es sich dabei in Wahrheit um ein islamisches Rechtsgutachten gegen die liberale Moschee in Berlin, nicht lediglich um ein Statement. Es heißt darin unter anderem, eine Frau dürfe kein Gebet leiten und Frauen dürften nicht gemeinsam mit Männern in einem Raum beten. Zudem dürfe eine Frau nur mit Kopftuch beten. Aus dem Gutachten geht hervor, dass der humanistisch-liberale Islam von den konservativen Rechtsgelehrten als extremistische Bewegung eingestuft wird. Zwei Tage später erklärte auch die staatliche türkische Religionsbehörde Diyanet in Ankara, die Ibn-Rushd-Goethe-Moschee in Berlin missachte und untergrabe die Grundsätze der islamischen Religion.

Auf den ersten Blick scheint es sich hier bloß um harmlose Stellungnahmen aus der islamischen Welt zu handeln. Doch es gibt genügend Islamisten, die in solchen Stellungsnahmen eine religiöse Legitimierung zur Gewaltanwendung gegen die Gründer der liberalen Moschee sehen. Interessanterweise wird kein Kritikpunkt in den Statements anhand des Koran religiös begründet. Anscheinend haben die konservativen Muslime Angst vor neuen liberalen Impulsen. Die Furcht vor dem Verlust der Deutungshoheit scheint immens zu sein. Aber verbietet der Koran wirklich, dass eine Frau das Gebet in einer Moschee leitet? Ist es anhand der kanonischen Quellen begründbar, dass eine Muslimin keine Predigt während des Freitaggebets halten darf? Haben die konservativen Muslime Angst um den Islam – oder in Wahrheit Angst vor der Macht der Frauen?

Der aus Cordoba stammende Philosoph und Gelehrte Averroes (Ibn Rušd, 1126–1198) bringt in einem seiner Werke Licht in diese Thematik. Er verweist darauf, dass sich die muslimischen Gelehrten hinsichtlich des Imamats der Frau nicht einig sind. Ihre Meinungen „weichen voneinander ab." Die Mehrheit der muslimischen Gelehrten lehne das Imamat der Frauen ab. Die Befürworter beriefen sich auf eine Aussage des Propheten, in der er einer Frau namens Umm Waraqa bint ʿAbdallāh Ibn al-Ḥāriṯī, die den Koran auswendig kannte, erlaubte, das Gebet ihrer Familie, sowohl der Männer als auch der Frauen, zu leiten. [116]

Interessanterweise erwähnt der scheinbar sachliche und neutrale Averroes, dass aš-Šāfiʿī (767–820) die Leitung des Gebets durch eine Frau erlaubte. Möglicherweise lagen ihm andere Werke der frühen Gelehrten vor. Es könnte natürlich aber auch sein, dass die Sichtweise von aš-Šāfiʿī von anderen gefälscht wurde. Auch der bedeutende Gelehrte Ibn ʿArabī (1165–1240) aus Murcia, der bis heute im Sufismus als eine religiöse Instanz gilt, verweist zuerst auf die Uneinigkeit der Gelehrten, ob eine Frau ein Gebet leiten darf. Er betont jedoch mit Nachdruck, dass sich die Verweigerer des Imamats der Frauen auf gar keinen religiösen Beweis aus dem Koran und der Sunna berufen können. Er schreibt:

> „Es gibt Leute, die uneingeschränkt die Leitung des Gebets von Männer und Frauen durch eine Frau erlauben. Und diese Sichtweise vertrete ich. […] Das Richtige ist, dass das Imamat der Frau erlaubt ist. Und derjenige, der das Gegenteil behauptet, darf nicht befolgt werden."[117]

Bei allen Meinungen früherer Gelehrter, ob Befürworter oder Gegner handelt es sich um Sichtweisen aus einer anderen Zeit. Selbstverständlich ist es ermutigend für den liberalen Islam, dass einige Gelehrte die Leitung des Gebets durch eine Frau erlauben. Die Gleichberechtigung zwischen Frauen und Männern ist jedoch so oder so heutzutage eine Notwendigkeit geworden und darf nicht unter Berufung auf Gelehrte, die in vergangener Zeit gelebt haben, erlaubt oder verboten werden. Weder Kanzel noch Gebetsnische sind im privaten Besitz der Männer. Muslimische Frauen haben das Recht, ihre religiösen Rechte einzufordern und gleichberechtigt an religiösem Diskurs und religiöser Praxis teilzuhaben. Die muslimischen Frauen sind keine minderwertigen Menschen, die die Moscheen durch den Hintereingang betreten und in versteckten Räumen beten müssen. Das gemeinsame Gebet von Frauen und Männern schafft Gleichberechtigung zwischen den Geschlechtern. Es ist außerdem an der Zeit, dass Muslimas die Kanzel in den Moscheen besteigen, um Predigten zu halten.

Der humanistische Islam betont mit Nachdruck, dass Frauen und Männer Individuen sind, die ihre Existenz selbst bestimmen können. Weder der Koran noch die Tradition des Propheten schreiben das Tragen des Kopftuchs oder die Verweigerung des Grußes per Händedruck vor. Wer sich an solche Vorschriften hält, stützt und verlängert die Unterwerfung und Erniedrigung der Frauen. Eine liberale Moschee bedeutet die Befreiung der Frauen von dem Joch ihrer Unterdrücker. In solch einer Moschee dürfen Männer und Frauen, mit Kopftuch oder ohne, gemeinsam in einer Reihe im gleichen Raum beten. Auch die Predigt kann selbstverständlich von einer Frau gehalten werden. Dies gilt auch für das Gebet. Homosexuelle sind ausdrücklich willkommen; dies verlangt auch die geschlechtergerechte Lesart des Koran. Kein Mensch darf auf seine sexuelle Orientierung reduziert werden. Die Türen einer liberalen Moschee sind für alle Anhänger der verschiedenen Konfessionen offen. Niemanden interessiert die muslimische Glaubenszugehörigkeit einer Person. Eine solche Moschee verkörpert die Rückkehr zum humanistisch-ethischen Koran. Das ist der liberale Islam in seiner apolitischen Grundform. Das ist der Islam der Akzeptanz, der Nächstenliebe und Achtung.

36. Der Islamismus hat sehr wohl etwas mit dem Islam zu tun.

Der Satz „Das hat nichts mit dem Islam zu tun“ hat endgültig seine Glaubwürdigkeit verloren. Wir Muslime müssen dieser hässlichen Wahrheit ins Gesicht sehen. Der Islam bietet jede Menge Anknüpfungspunkte für Gewalt. In den Moscheen wird oft genug ein abwertendes Bild von den „Kuffār“ (Ungläubige) vermittelt. Solange man sich nicht innerislamisch von all diesen gewaltaffinen und diskriminierenden Inhalten trennt, wird man weiter dazu beitragen, den geistigen Nährboden des Terrors zu bereiten. Nicht nur die Islamisten, sondern auch die konservativen Muslime predigen in ihrem religiösen Diskurs Separatismus. Ihre gemeinsame und vereinfachte Logik liegt darin, dass sie genau zu wissen glauben, wo das Böse liegt. Beide träumen von der Rückkehr zum Islam des 7. Jahrhunderts.

Durch seine Auswanderung im Jahre 622 von Mekka nach Medina wurde der Prophet der anerkannte Verkünder einer göttlichen Botschaft und sehr bald auch der weltliche Führer einer allmählich wachsenden Gemeinde, der auch politische Ansprüche verfolgte. Bis 624 führte er einen Dialog mit den arabischen Heiden und „Leuten der Schrift“ (Juden und Christen). Dies ist auch schon aus der mekkanischen Sure 16, Vers 125 herauszulesen: „Ruf (die Menschen) mit Weisheit und einer guten Ermahnung auf den Weg deines Herren und streite mit ihnen auf eine möglichst gute Art." Auch in einer der ersten in Medina geoffenbarten Suren, Sure 3, Vers 64, ruft er die „Leute der Schrift" zum Dialog auf. Die koranische Verkündigung wird als eine Bestätigung der Offenbarung der Juden und der Christen angesehen (Koran 2:38). Das Bestreben des Propheten, die Juden zu bekehren, blieb jedoch erfolglos. Ab 624 begann in Medina eine neue Ära – eine Ära der Gewaltmaßnahmen –, in welcher der Prophet Abschied von seiner dialogorientierten Kommunikation nahm. Muḥammad scheint nun die Macht des Wortes und die Gewalt des Schwertes zu vereinen. Unter Berufung auf einschlägige Koranstellen ergriff er militärische Maßnahmen gegen seine Widersacher, wie etwa die arabischen Heiden, die Dichter und die Juden. Einige Beispiele für die Kriege des Propheten gegen die Mekkaner können hier erwähnt werden. Die arabische Geschichtsschreibung spricht zuerst von einigen Raubüberfällen auf mekkanische Karawanen, die am 19. März 624 zur Schlacht bei Badr zwischen der islamischen Gemeinde und den mekkanischen Heiden führten. Der Sieg der Muslime ist im Korantext dokumentiert, wo es heißt, nicht sie hätten die Mekkaner getötet, sondern Gott selbst (Koran 8:17). Am 23. März 625 gelang den Mekkanern ein relativ unbedeutender Sieg gegen die Muslime in der Schlacht von Uḥud (Koran 3:152–153). Im Frühjahr 628 schloss der Prophet in al-Ḥudaibīya, unweit von Mekka, mit den Mekkanern einen zehnjährigen Friedensvertrag (Koran 48:27). Doch ohne nennenswerten Grund marschierte Muḥammad dann am 11. Januar 630 an der Spitze einer Streitmacht von ungefähr 10 000 Mann gegen Mekka, das widerstandslos kapitulierte.

Das Scheitern der Bekehrungsarbeit führte auch zum Bruch mit den medinensischen Juden, was ein blutiges Nachspiel hatte. Die Abwendung von den Juden begann mit der kultischen Umorientierung der Gebetsrichtung von Jerusalem, das Juden und Muslimen gleichermaßen heilig war, nach Mekka (Koran 2:143–150). Die regelrechte Vertreibung des Klans Banū Qainuqāʿ ereignete sich einige Wochen nach der Schlacht bei Badr. Muḥammad forderte sie persönlich zur Konversion auf, was sie jedoch ablehnten, sodass sie Medina ohne Hab und Gut verlassen mussten (Koran 3:12–13). Die Sure 59, Vers 2–3 spielt auf einen weiteren Stamm namens Banū n-Nadir an, der im September 625 das gleiche Schicksal erfuhr. In den beiden erwähnten Koranpassagen werden die Stämme nicht als Juden, im Sinne der Inhaber einer göttlichen Offenbarung, angesprochen, sondern als Ungläubige. Schon vor der zweiten Vertreibung wurde im September 624 der jüdische Dichter Kaʿb Ibn al-Ašraf laut der arabischen Geschichtstradition auf Befehl des Propheten kaltblütig hingerichtet. Er soll Schmähgedichte über den Propheten und die Ehefrauen der Muslime verfasst haben.

Die Sure 33, Vers 26–27, spricht offen über das im April 627 an dem dritten Stamm, den Banū Quraiẓa, verübte Massaker. Laut arabischer Geschichtsschreibung wurden die Banū Quraiẓa 25 Nächte lang belagert und nur denen das Leben geschenkt, die zum Islam konvertierten. Circa 600 Männer wurden schließlich exekutiert, ihre Besitztümer unter den Muslimen verteilt und die Kinder und die Frauen als Sklaven verkauft. Im medinensischen Koran findet sich ein ganzes Sündenregister der Juden, das letztendlich als Rechtfertigung für den Umgang des Propheten mit den drei in Medina lebenden Stämmen diente. Das Handeln des Propheten und seiner Gemeinde kann aus der damaligen historischen Situation verstanden werden. Zum einen waren Gewalt und Stammeskonflikte ein Bestandteil der damaligen Kultursituation. Zum anderen gefährdete die Präsenz einer anderen Religionsgemeinschaft in Medina die religiösen und politischen Ansprüche der neuen Religion.

Gewalt im Islam ist kein modernes Phänomen. Man darf dabei nicht vergessen, dass die damals bei den arabischen Stämmen gängige Praxis der Blutrache eine nicht zu unterschätzende Rolle spielte. Nach dem Tod des Propheten kam es zum Schisma der ersten Gemeinde und das politisch motivierte Töten erreichte einen ersten Höhepunkt. Drei der vier Kalifen, Nachfolger des Propheten an der Spitze der islamischen Gemeinde, wurden von Muslimen ermordet.

Das religiös-politisch motivierte Töten (*isti'rāḍ*)[118] erreichte einen Höhepunkt bereits in der Frühgeschichte des Islam. Die Charischiten (*Ḫāriğiten*) betrachteten nur sich selbst als Muslime und nahmen diese Bezeichnung auch für sich allein in Anspruch. Nur sie würden den wahren Islam vertreten, während alle anderen irregeleitet seien. Demzufolge betrachteten sie die anderen Muslime (*ahl al-qibla*) als Ungläubige, die somit aus der Gemeinde der Muslime ausgeschlossen waren. Das religiös-politisch motivierte Töten war also eine Folge des Für-ungläubig-Erklärens (*takfīr*). Der erste, den sie zum Ungläubigen erklärten, war der vierte Kalif 'Alī. Der Auszug (*ḫurūğ*) war für sie eine Auswanderung (*hiğra*) aus dem „Haus des Unrechts und der Unterdrückung" in das „Haus des Rechts und des Krieges". Daher legten sie Wert darauf, abgesondert von den anderen Muslimen zu leben. Als Vorbild diente ihnen der Prophet, der das Haus des Unglaubens (Mekka) in Richtung Medina verlassen hatte. Sie beriefen sich dabei auf Sure 28, Vers 21:

> „Da zog er voller Angst aus ihr weg, indem er sich (immer wieder) umsah (ob man nicht hinter ihm her sei). Er sagte: Herr! Errette mich von dem Volk der Frevler."

Mit dieser Auswanderung beabsichtigten sie wohl, ein eigenes Staatsgebilde zu gründen und weiterhin Krieg gegen die anderen Muslime zu führen.

Durch die ganze Frühgeschichte des Islam zieht sich das Phänomen der Gewalt. Zu fragen, welcher Seite die Schuld an den mitunter äußerst grausam geführten Auseinandersetzungen zukommt, ist dem objektiven Verständnis dieser Ereignisse eher hinderlich. Pampus spricht hier von einer Vendetta-Mentalität, sowohl seitens der Charischiten als auch seitens der Dynastie der Umayyaden (661–750), die den islamischen Grundsätzen an sich fern sei.[119] Aus vorislamischer Zeit stammende Sitten und Gebräuche wurden also auch noch von den Muslimen praktiziert. Unter Berufung auf bestimmte Koranverse wurde versucht, derartige Taten zu rechtfertigen. Fest steht, dass das Schisma unter den Muslimen politische und nicht religiöse Gründe hatte. Wir wissen ja, dass der Begriff „Ungläubige“ in den ersten geoffenbarten Suren in Mekka undankbare Menschen bezeichnete; erst später erfuhr dieser Begriff eine Verschärfung. Die früheren Mekkaner wurden wegen ihres Heidentums als Ungläubige dargestellt (Sure 109). Die Einschätzung von Taten, die in der Frühzeit den *takfīr* nach sich zogen, als Sünde deutet auf eine jüngere Interpretation hin.

Zwischen den heutigen Islamisten und den früheren Charischiten scheint es keinen Unterschied zu geben. Man kann davon ausgehen, dass die Rebellion der Charischiten von Anfang an einen gewalttätigen und extremistischen Charakter hatte. Nach Wellhausen

> „[...] vergossen sie ungescheut das Blut der übrigen Muslime; gerade gegen sie und nur gegen sie führten sie den heiligen Krieg.“[120]

Mit Blick auf den politischen Islam, der die Welt durch Missionierung und Gewalt beherrschen will, könnte man die These wagen, dass der Islam zivilisatorisch versagt hat. Der Kern der westlichen Aufklärung – die Freiheit des Individuums – wird seit Jahrhunderten von einem Trio aus konservativen Gelehrten, politischen Despoten und machtbesessenen Laien bekämpft.

In einem modern-humanistischen Islam wird nicht die Gewalt des einen Gottes gesucht, sondern ein Gott, der die Unantastbarkeit der Menschenwürde zu garantieren vermag. Diese unabdingbare Voraussetzung kann der Islam erfüllen, wenn er jeder Art von Gewalt entsagt und seine humanistische Kraft durch eine zeitgenössische Reforminterpretation jenseits politischer Interessen erneuert. Eine kritikfähige und reflektierende Renaissance des Islam kann die Macht der „Mosaischen Unterscheidung" zwischen Wahrheit und Falschheit bzw. zwischen dem falschen Gott und dem wahren Gott eindämmen, die als folgenschwere Gründungshypothek des Monotheismus zu betrachten ist.

37. Der nicht reformierte Islam ist keine Religion des Friedens.

Muḥammad war nicht nur der anerkannte Verkünder einer göttlichen Botschaft, sondern auch der weltliche Führer, der ab 624 bis zu seinem Tod meisterlich die Macht des Wortes mit der Gewalt des Schwertes vereinte. Indem er sich auf autoritative Koranstellen bezog, griff Muḥammad ab diesem Zeitpunkt in Medina gegen seine Widersacher zur Gewalt, darunter arabische Heiden, Christen und Juden.

Eine sinnstiftende Legitimation dazu sind die sogenannten Schwertsuren. In Sure 9 des Koran, die circa ein Jahr vor dem Tod des Propheten offenbart wurde, werden die gläubigen Muslime aufgefordert, gegen diejenigen zu kämpfen, „die nicht an Gott und auch nicht an den Jüngsten Tag glauben, die das, was Gott und sein Gesandter verboten haben, nicht verbieten und nicht der wahren Religion angehören – unter den Schriftbesitzern …“ (Vers 29). In Vers 33 dieser Sure wird der Islam als wahre Religion bezeichnet. Gott werde der Gemeinde des Propheten zum Sieg über alle Religionen verhelfen. Auch in der letzten offenbarten Sure 5, Vers 33 ist zu lesen:

> „Der Lohn derer, die gegen Gott und seinen Gesandten Krieg führen und überall im Land eifrig auf Unheil be-

> dacht sind, soll darin bestehen, dass sie umgebracht oder gekreuzigt werden, oder dass ihnen wechselweise (rechts und links) Hand und Fuß abgehauen wird, oder dass sie des Landes verwiesen werden."

Aus einigen Koranpassagen, die eine gewisse magische Kraft in einer unsichtbaren Form beinhalten, geht eine „symbolische Gewalt" hervor. Symbolische Gewalt manifestiert sich als gewaltlose Gewalt. Sie operiert dezent und alltäglich und sichert die Anerkennung von Herrschaftsordnungen. Adonis ist der Meinung, dass im Koran eine theoretische Gewalt existiert, die praktische Gewalt hervorbringt.[121] In den Teilen des Koran, die in Medina offenbart wurden, findet sich ein ganzes Sündenregister der Juden, Christen und arabischen Heiden, das letztendlich als Rechtfertigung für den bewaffneten Umgang des Propheten dient. Durch die alltägliche Rezitation dieser umstrittenen Verse legitimieren viele Muslime bis heute unbewusst diese Gewalt im religiösen Leben.

Wenn sie das tägliche Gebet praktizieren, rezitieren die Muslime jeden Tag siebzehn Mal die erste Sure des Koran, „die Eröffnende". In dieser Sure, die offenbar aus der medinensischen Epoche stammt, wird gebeten: „Führe uns den geraden Weg, den Weg derer, denen Du Gnade erwiesen hast, nicht den Weg derer, die Deinem Zorn verfallen sind und irregehen!" (Vers 6–7). Die gesamte muslimische Koranexegese ist der Auffassung, dass sich der zweite Teil auf die Juden beziehungsweise die Christen bezieht. In Sure 2, Vers 120, werden sowohl Muḥammad als auch die Muslime aufgerufen, Juden und Christen zu meiden. Diese seien mit den Muslimen solange nicht zufrieden, bis sie ihrer Glaubensweise folgten. In Sure 3, Vers 85 ist zu lesen, dass keine andere Religion als Ersatz für den wahren Glauben an Gott, den Islam, dienen kann. Bereits in Vers 19 derselben Sure wird mit Nachdruck betont, dass der Islam die einzig wahre Religion sei. Die Gemeinschaft der Muslime wird sogar als die beste Gemeinschaft bezeichnet, die Gott den Menschen gestiftet habe (Koran 3:110).

Dadurch werden die Muslime in ihrem religiösen Überlegenheitsgefühl bestärkt. Somit legt der Koran fest, dass Muslime die rechtschaffenen, besseren Menschen seien. Im Vergleich zu ihnen sind alle anderen Ungläubige. Die klare Unterscheidung zwischen Gläubigen und Ungläubigen ist das fundamentale Denkschema der Muslime. Zweifelsohne bieten solche Koranpassagen jede Menge Anknüpfungspunkte für die heutige Gewalt im Islam. Diese radikalen Koraninhalte dürfen nicht mehr verharmlost und ignoriert werden.

Die dringende Lösung der Gewaltfrage im Islam besteht nicht in einem muslimischen Aufstand der Anständigen. Mahnwachen sind eine bequeme kosmetische Korrektur und verkörpern die Kunst des Schönredens. Die Muslime müssen endlich die Quellen ihres Glaubens kritisch infrage stellen. Der nicht reformierte Islam ist keine Religion des Friedens. Diese Einsicht gehört zur Redlichkeit einer islamischen Theologie und Religionspädagogik.

Zweifelsohne bieten solche Koranpassagen jede Menge Anknüpfungspunkte für die heutige Gewalt im Islam. Diese radikalen Koraninhalte dürfen nicht mehr verharmlost und ignoriert werden, sonst wäre der interreligiöse Dialog zum Scheitern verurteilt, solange die Muslime sich nicht deutlich dagegen positionieren. Die zwischen 622 und 632 in Medina verkündeten Koranpassagen müssen in ihrem historischen Kontext verstanden werden. Viele unter ihnen haben als historisch-politische Äußerungen nur eine temporäre Gültigkeit für das 7. Jahrhundert und entsprechen nicht mehr der heutigen Weltsicht und den dazugehörenden humanistischen Werten.

Die Muslime müssen endlich die kanonischen Quellen ihres Glaubens kritisch infrage stellen. Ein Islam ohne mutige Islamkritik ist zum Scheitern verurteilt, vor allem im Westen. Es muss betont werden, dass der nicht reformierte Islam keine Religion des Friedens ist. Das gehört zur Redlichkeit einer islamischen Theologie und Religionspädagogik. Es reicht nicht aus, die Offenbarung des Koran in ihrer historischen Entstehungssituation zu verstehen. Darüber hinaus muss auch eine Methode entwickelt werden, welche den Islam auf der Grundlage einer kritischen Reflexion von der Macht dieser umstrittenen Koranverse befreit. Meiner Meinung nach ist nur der ethische Koran zeitlos, weil er universell sinnstiftende Lehren im ethischen Sinne beinhaltet. Sowohl der in Medina offenbarte politisch-juristische Koran als auch der historische Prophet als Staatsmann sind im Westen dringender denn je kritisch zu betrachten und revisionsbedürftig, sonst bleibt ein Islam, der mit europäischen Werten vereinbar ist, ein Wunschtraum.

38. Die Sinnkrise des Islam ist hausgemacht. Wir Muslime sind keine Opfer.

Wenn man den Islam oder die Muslime sachlich und differenziert kritisiert, dann fühlen sich viele Muslime beleidigt und in ihrer religiösen Ehre verletzt. Sind die Kritiker Muslime, werden sie als Nestbeschmutzer oder sogar als Verräter der eigenen Religion bezeichnet. Entweder seien sie „Ungläubige" geworden oder sie haben den Islam angeblich nicht richtig verstanden. Besonders die Einheit der muslimischen Gemeinden darf in der Fremde nicht gefährdet werden. Inzwischen beherrscht die Mehrheit der Muslime im Westen hervorragend die Pose der Kränkung. Dadurch wollen sie das Gefühl vermitteln, sie würden als Minderheit bedroht.

Das Beleidigtsein scheint bei vielen Muslimen ein nicht zu unterschätzendes Machtinstrument und ein Mittel zur Pflege des ewigen Opferstatus zu sein. Der heutige Diskurs der Muslime hat einen postfaktischen Aspekt. Bewusst oder auch unbewusst stilisieren sich die Muslime zum ewigen Opfer. Ihnen geht es nicht um Fakten, sondern nur um ihre angeblich verletzten Gefühle. Diese weinerliche Opferhaltung hat mit der Realität nichts zu tun. Stellt man die Frage, wie Islam und Gewalt zusammenhängen, so heißt es stets, die Religion trage keinerlei Mitschuld am Terrorismus.

Auch wenn es zynisch klingt: Gefahr droht nicht von den Salafisten, denn die Sicherheitsbehörden leisten hier hervorragende Arbeit. Viel gefährlicher sind die sogenannten „moderaten Islamisten", die ständig betonen, dass es keinen Extremismus in ihren Gemeinden gibt. Mit Pathos wiederholen sie, dass der Islam mit Islamismus nichts zu tun habe. Zu diesen bequemen Apologeten gehören die konservativen Dachverbände wie die DITIB und der Zentralrat der Muslime, die einerseits meisterhaft die Opferrolle stilisieren und andererseits den Ton der Überlegenen anschlagen, die viel fordern und nichts anbieten.

Die konservativen Dachverbände beherrschen kunstvoll das rhetorische Spiel. Einerseits verkaufen sie den Islam ambitioniert nach außen als „Religion des Friedens", andererseits predigen sie ihn heimlich in den Gemeinden als „gottesrechtliche Gesellschaftsordnung". Angesichts dessen kann man nur tief besorgt sein. Bewusst teilen sie der Mehrheitsgesellschaft mit, was diese gerne hören möchte. Auch der Vorwurf der Islamophobie ist eine gut durchdachte Strategie, um nicht nur den Islam im westlichen Kontext unangreifbar zu machen, sondern auch die Macht der konservativen Dachverbände und ihrer Anhänger zu stärken. Dieses Verhalten zielt auf die moralische Erpressung der Mehrheitsgesellschaft.

Es ist die Zeit gekommen, dass wir Muslime uns vom ewigen Beleidigtsein befreien. Kritik muss Teil unserer kollektiven Identität werden; andere Meinungen dürfen nicht als Beschimpfung missgedeutet werden. Wir wollen ernst genommen und respektiert, aber nicht ständig bedauert werden. Die Post-Truth-Opferschaft der Muslime ist ein Zeichen für die Machtlosigkeit angesichts der aktuellen Sinnkrise des Islam. Die ständig selbstgewählte Opferrolle führt dazu, dass wir an einem Minderheitenkomplex leiden. Sie befreit uns nicht von

der Notwendigkeit, die Fehler bei uns selbst zu suchen und endlich Verantwortung zu übernehmen.

Es fordert mir als liberalem Muslim Respekt ab zu sehen, wie sehr die Politiker der etablierten Parteien und die beiden Kirchen um Dialog mit den konservativen Dachverbänden bemüht sind. Eine Gefahr jedoch sehe ich: Die Dominanz der an sich löblichen politischen Korrektheit verhindert kritische Worte und unangenehme Wahrheiten, um nur ja nicht den Zorn und die Wut der muslimischen Minderheitsgesellschaft auf sich zu ziehen. Die Hilflosigkeit der politischen Entscheidungsträger wird es den hiesigen Dachverbänden ermöglichen, einen konservativen Islam zu etablieren – einen Islam, der mit einer säkularen und pluralistischen Staatsordnung und den damit verbundenen Werten nicht vereinbar ist.

Die Rechten haben an Stärke und Macht gewonnen, weil unangenehme Themen lange Zeit tabuisiert worden sind. Die Politiker haben es nicht geschafft, eine mutige und differenzierte Debatte in der Mitte der Gesellschaft über den Islam und die Muslime zu führen. Es muss möglich sein, kritisch zu begründen, warum man der Meinung ist, Richterinnen sollten kein Kopftuch tragen, oder darüber zu diskutieren, ob der Terror mit einem bestimmten Islamverständnis zu tun hat oder ob ein muslimischer Student seiner Lehrerin die Hand schütteln sollte oder nicht. Durch derart ehrliche und mutige Debatten geschieht Prävention statt Intervention.

Die politische Ideologie der konservativen muslimischen Dachverbände und die Gefährlichkeit ihres religiösen Diskurses darf nicht unter den Tisch gekehrt werden. Sowohl Politik als auch Kirchen sollten zwischen einem modernen und humanistischen Islam auf der einen und einem orthodoxen und archaischen Islam auf der anderen Seite unterscheiden.

39. Der humanistisch-moderne Islam teilt die Welt mit anderen Religionen und Weltanschauungen.

Liebe Musliminnen und liebe Muslime, nur der modern-humanistische Islam ist mit den menschlichen Werten im Westen vereinbar. Der konservative und salafistische Islam ist realitätsfremd und zukunftsunfähig. Diese zwei Gruppen unter den Muslimen verfolgen nur ihre politischen Interessen. Sie sind nur auf ihr eigenes Wohl und Wehe bedacht, denn sie möchten an einer friedlichen und toleranten Welt nicht aktiv partizipieren. Sie haben nur ihre eigene Welt und eine einzige Mission: die hier geborenen Muslime zu re-islamisieren und Nichtmuslime zu islamisieren. Für sie gilt nur der Islam als die „wahre Religion". Sie berufen sich dabei auf die in Medina offenbarte Sure 3, Vers 19, in der zu lesen ist, dass der Islam als die einzige Religion bei Gott gilt. Der konservative Islam und die Salafisten sind gründlich darauf bedacht, den Muslimen und besonders vielen orientierungslosen Jugendlichen die Glaubenszugehörigkeit als Alternative zu den westlichen Normen anzubieten. Die Zugehörigkeit zu der nicht existierenden Nation der Muslime (*umma*) führt nicht nur zur Entfremdung, sondern sie konkurriert tatsächlich mit den kulturellen und politischen Strukturen des hiesigen Landes. Integration ist kein Diktat von oben, sondern eine individuelle Entscheidung. Nur wenn sie das Gefühl, ein deutscher Muslim zu sein, zulassen, können Muslime ihren Beitrag zum friedlichen Miteinander in der Gesellschaft leisten. Der europäische Islam der hier geborenen Muslime ist nicht der Islam der Heimatländer ihrer Eltern. Sie sollen sich als integraler Bestandteil Deutschlands fühlen und ihre Loyalität durch die Erfüllung ihrer Pflichten zum Ausdruck bringen. So können Muslime in Deutschland heimisch werden.

An dieser Stelle erlaube ich mir zum ersten Mal die These zu vertreten, dass es keinen moderaten und keinen extremistischen Islam gibt, es gibt auch keinen wahren und falschen Islam. Es gab und es gibt nur einen Islam. Die Grundlage für diesen einheitlichen Islam ist der humanistisch-ethische Koran, der Räume schafft, um frei zu denken und sein Leben selbstbestimmt zu gestalten.

Selbstverständlich gibt es nur ein einziges Buch als Gottes Wort für die Muslime, jedoch ist es nicht das einzige für alle Menschen in der Welt. Die Überzeugung, dass das eine wesensmäßig besser ist als das andere, ist schlichtweg Ideologie. Es ist selbstverständlich, dass es auch Raum für andere Religionen und andere Weltanschauungen gibt. Die Welt muss nicht islamisch werden, denn Gott hat gewollt, dass die Menschen verschieden sind und es unterschiedliche Religionen und Weltanschauungen gibt. In der mekkanischen Sure 42, Vers 8 ist zu lesen: „Wenn es Gott gewollt hätte, hätte er die Menschen zu einer einzigen Gemeinschaft gemacht."

Die Reform des Islam erlaubt den Muslimen, Bürger der Welt zu werden.

40. Nur ein liberaler Islam ist zukunftsfähig.

Ich möchte nicht mehr von einer Islamreform träumen. Sie ist inzwischen eine Realität geworden. In den letzten 50 Jahren war die Reform des Islam nur ein Thema unter Intellektuellen. Durch die Gründung von liberalen Moscheen wird der Traum von der Verwirklichung des Reformislam wahr. Hier wächst eine muslimische Gemeinschaft heran, die sich als integraler Bestandteil der Gesellschaft betrachten will, die offen und neugierig gegenüber ihren Mitmenschen und aufgeschlossen für die europäische Kultur und die Herausforderungen der Moderne ist. Die humanistischen Grundsätze der liberalen Gemeinschaft der Muslime sind Frieden, Toleranz und Nächstenliebe. Die Islamreform predigt Respekt vor anderen Religionen, Weltanschauungen und andersdenkenden Menschen.

Das ist mein Islam und der Islam unserer muslimischen Kinder im Westen. Dieser aufgeklärte Islam fördert die individuelle Persönlichkeitsentfaltung, schützt die verschiedenen Lebensentwürfe und fördert alle Formen des friedlichen und toleranten Miteinanders.

Die Reform des Islam lehnt vehement den politisierten Islam ab, der mit den Grundwerten der westlichen Länder konkurriert. Mein Islam ist keine militante Gemeinschaft, die die

Herrschaft über die ganze Welt erstrebt. Er ist auch keine staatliche Ordnung, die einen Totalitäts- und Universalanspruch auf die ganze Menschheit erhebt. Mein Islam und der Islam unserer Kinder im Westen ist eine geistliche Bewegung, eine Religion, welche die Bindung des Individuums an Gott, den reflektierten Glauben festigen will. Er ist ein religiöses Angebot spiritueller Werte, die ein tiefes religiöses Leben ermöglichen und fördern. Der islamische Glaube ist eine persönliche Angelegenheit zwischen Gott und dem Einzelnen. Er scheut sich nicht davor, die Religion kritisch zu hinterfragen und seine Positionen immer wieder neu zu überdenken, weiterzuentwickeln und sie in Einklang mit der Lebensrealität zu bringen.

Im Zentrum der Lehren des Reformislam steht der Mensch mit seinen Bedürfnissen, Stärken und Schwächen, seiner Fähigkeit zu Vernunft und Empathie. Er steht für ein humanistisches, modernes und aufgeklärtes Islamverständnis; seine Anhänger verstehen sich als säkulare Musliminnen und Muslime. Ihrem Koranverständnis nach beruht der Glaube auf der persönlichen und individuellen Beziehung des Einzelnen zu Gott. Der Glaube stellt eine Quelle für Spiritualität und innere Stärke dar. Gleichzeitig betrachtet der aufgeklärte Islam innerislamische Kritik als unerlässlich. Der Glaube darf und soll ständig hinterfragt, beurteilt und ergründet werden. Denn die Reform des Islam ist kein finaler Zustand; sie schöpft ihre schiere Kraft aus der Erneuerung der humanistisch-ethischen Lehren des Islam.

Mein Islam und der Islam unserer Kinder legt viel Wert auf den innerislamischen Dialog unter den Muslimen aller Couleur und den interkulturellen Dialog mit allen Religionen und Weltanschauungen. Zur Religion gehören selbstverständlich konservative Kräfte, jedoch dürfen sich diese nicht als Vertreter Gottes auf der Erde und nicht als Inhaber der absoluten

Wahrheit betrachten. Meinungsvielfalt und Meinungsverschiedenheit als essenzielle Basis für die Freiheit sind nicht nur erwünscht, sondern unerlässlich. Der reformierte Islam geht vom mündigen, selbstbestimmten, empathischen und von der Vernunft geleiteten Menschen aus, der selbstverantwortlich handelt und mit den Freiheiten, die ihm der hiesige Staat und diese Gesellschaft bieten, verantwortungsvoll umgehen kann. Das Fundament für diese Freiheiten bilden die unverletzlichen und unveräußerlichen Menschenrechte. Demnach hat jeder Mensch das Recht, in völliger Freiheit und selbstbestimmt über sein Leben und seinen Glauben zu bestimmen. Alle Menschen sind gleichberechtigt und gleichwertig. Und weder der Islam noch andere Religionen dürfen über dem Grundgesetz stehen.

Mein Islam und der Islam unserer Kinder lehnen Diskriminierungen aller Art ab. Dazu gehören insbesondere auch Antisemitismus und Homophobie. Die Islamreform steht uneingeschränkt für die Gleichberechtigung von Mann und Frau ein in allen Lebensbereichen. Was für einen Muslim gilt, gilt selbstverständlich ohne Wenn und Aber auch für eine Muslimin. Diskriminierungen, insbesondere religiös begründete Diskriminierungen von Frauen, lehnt er strikt ab. Liberale Muslime lehnen auch die Vielehe als frauenfeindliche Form der Partnerschaft ab. Ebenso lehnen wir sogenannte Imam-Ehen ab, also Eheschließungen, die in einer Moschee stattfinden und vor dem Gesetz keine Gültigkeit haben. Jeder Mensch hat das uneingeschränkte Recht, selbst über seinen Körper, seine Bekleidung und über seine Sexualität zu entscheiden. Zwangsheiraten lehnt der liberale Islam ebenfalls ab.

Jedes muslimisches Kind hat das Recht auf eine gewalt- und angstfreie Erziehung. Jedes Kind hat das Recht, sich frei zu entwickeln. Die muslimische Familie kann diesen Prozess unterstützen, indem sie dem Kind das Gefühl von Sicherheit und Geborgenheit gibt. Eine Pädagogik der Unterwerfung, die darauf basiert, dem Kind Angst vor Gott, Angst vor einer Bestrafung, Angst vor der Hölle zu machen, lehnt der Reformislam ab. Gott ist die Liebe, er ist gnädig und barmherzig.

Des Weiteren hält der liberale Islam die Teilnahme am schulischen Pflichtunterricht, einschließlich Schwimm-, Sport- und Sexualkundeunterricht sowie die Teilnahme an schulischen Veranstaltungen wie Klassenfahrten für zentral für die Entwicklung des Kindes. Die religiöse Begründung für Freistellungen ist nichts anderes als ein Missbrauch der Religion. Das Tragen von angeblich religiös begründeter Bekleidung ist ein historisches Produkt der männlichen Herrschaft; nirgendwo im Koran gibt es einen klaren Beleg dafür. Mein aufgeklärter Islam unterstützt liberale Musliminnen und Muslime, die geschlechtergemischte Gebete in Moscheen anbieten, in denen auch Frauen Imaminnen sein können, die für die Teilnahme am Gebet keine Bekleidungsvorschriften aufstellen, die ihre Predigten auf Deutsch halten und somit den Integrationsprozess mit unterstützen.

Der humanistische Islam lehnt Extremismus, Diskriminierung, Gewaltverherrlichung und Segregation entschieden ab. Demokratie und Menschenrechte stellen für meinen aufgeklärten Islam die Grundlage für das friedliche Miteinander aller Menschen in unserer Gesellschaft dar. Mein Islam ist loyal zu meiner Heimat Deutschland; mein Geburtsort in Algerien ist nichts anderes als ein Erinnerungsort.

V. EPILOG

Die Reform des Islam ist Brückenbau. Ihre zentrale Botschaft ist, dass sich die Muslime im Glauben vor nichts fürchten, solange sie sich, Angehörige anderer Religionen und Andersdenkende respektieren. Neben dem Glauben an Gott muss der Mensch nach dem Grundsatz *solus homo* im Mittelpunkt des Islam stehen. Muslimisch sein heißt das Doppelgebot leben: Liebe zu Gott und Liebe zu den Menschen. Und ohne die Liebe zu den Menschen bleibt die Liebe zu Gott entfremdet und wäre inhaltsloser Kult.

Der Islam ist keine Seelenwellness. Zu allen Religionen gehört der Zweifel. Wer eine religiöse Wahrheit absolut setzt, macht die Religion zur Gefahr. Solange eine freie, vernunftgemäße Religionskritik vehement abgewehrt wird, wird sich der Graben zum Humanismus und zur Moderne weiter vertiefen. Nur die reflektierende Vernunft kann die Muslime aus ihrer Unmündigkeit befreien. Denn jede Religion schafft Unmündigkeit, wenn sie Denkverbote ausspricht und allen berechtigten Nachfragen zum Trotz auf ihren Dogmen beharrt. Auch im Islam geht es darum, die historische und religiöse Identität vom patriarchalischen Ballast zu befreien.

Wir können feststellen, dass viele der Verbote, etwa die angebliche Pflicht zum Kopftuch oder die Begrüßung unter Männern und Frauen mit dem Händedruck, schlicht ein historisches Produkt männlicher Dominanz sind. Wir könnten sogar mit den veralteten Dogmen brechen, dass Nichtmuslime „Ungläubige" seien. Auch die Überzeugung, dass nur der Islam die „richtige Religion" ist, ist nichts anders als Selbstvergötterung der Muslime. Allah ist kein Tyrann, er ist die Liebe, gnädig und barmherzig.

Ein Rechtsstaat wie Deutschland gewährleistet und schützt Religionsfreiheit, Meinungsfreiheit und Gleichheit zwischen Frau und Mann. Deshalb darf keine Religion über dem Rechtsstaat stehen. Toleranz bedeutet nicht nur dulden und ertragen, dass der andere anders ist. *Tolerare* führt dazu, dass ich Interesse am Anderen habe und ihn kennenlernen und erkennen möchte. In der Begegnung mit dem Anderen entsteht überhaupt erst die Frage, wer und wie ich bin.

Gelehrte und so genannte Vertreter der Muslime, die sich als vermittelnde Instanz zwischen Gott und den Menschen betrachten, wissen ganz genau, dass sie durch eine Reform des Islam entmachtet werden. Deshalb scheuen sie sich nicht davor, aufgeklärte und die liberale Muslime durch Rechtsgutachten und den Vorwurf der Islamophobie zum Schweigen zu bringen. Weder der Koran noch der Stifter des Islam gehören zu einer bestimmten Gruppe unter den Muslimen. Jede Muslimin und jeder Muslim ist heutzutage in der Lage, den Korantext und den historischen Muḥammad zu verstehen.

Islamisten aller Couleur machen Gebrauch von den kanonischen Quellen des Islam, sei es der Koran oder das Sagen und Handeln des Propheten. Mit Gewalt kann man Islamisten nicht besiegen. Gewalt kann nur Gewalt erzeugen. Nur Muslime können den Islamismus bekämpfen. Und dies kann nur durch die Reform des Islam stattfinden. Die heutige Zeit kann nicht an dem Islam angepasst werden, der Islam muss sich an die heutige Zeit anpassen.

Nur wir Muslime können die Reform des Islam in Angriff nehmen.

ANMERKUNGEN

1 Eduardo Mendieta und Jonathan VanAntwerpen: Religion und Öffentlichkeit, übers. v. Michael Adrian, Berlin 2012, S. 9f.

2 Ausführlich über Religion in der Öffentlichkeit siehe Jürgen Habermas: Zwischen Naturalismus und Religion. Philosophische Aufsätze, Frankfurt am Main 2005, S. 119ff.

3 http://www.katholisches.info/2008/11/kurienkardinal-jean-louis-tauran-der-islam-bringt-gott-zuruck-nach-europa/ (07.08.2017)

4 Abdelwahab Meddeb: 115 Gegenpredigten. Zwischen Europa und Islam. Aus dem Französischen übersetzt von Rainer G. Schmidt, Heidelberg 2007, S. 32f.

5 Ebd., S. 5.

6 Angelika Neuwirth: Der Koran als Text der Spätantike. Ein europäischer Zugang, Berlin 2010, S. 168.

7 Hans Zirker: Gottes Offenbarung nach muslimischem Glauben, in: Lebendiges Zeugnis 54 (1999), S. 34–45, hier: S. 38f.

8 Im Folgenden liegt die klassisch-arabische Klassifizierung des Korantextes in zwei Offenbarungsperioden vor. Genauer gesagt: die muslimische traditionelle chronologische Zeiteinteilung in mekkanische und medinensische Suren, unter Bezugnahme auf die Wirkungsstätten des Propheten. Mit dem mekkanischen Koran sind die Suren, die in Mekka zwischen 610 bis 622 offenbart wurden, gemeint. Mit dem medinensischen Koran sind die Suren, die in Medina zwischen 622 bis 632 offenbart wurden, gemeint. Ausführlich darüber siehe: Theodor Nöldeke: Die Geschichte des Qorāns. Bearbeitet von Friedrich Schwally, Bd. I u. II, Leipzig 1909, (Nachdruck Hildesheim 1961), S. 58ff.; Nicolai Sinai: Fortschreibung und Auslegung. Studien zur frühen Koraninterpretation, Wiesbaden 2009, S. 59ff.

9 Abdel-Hakim Ourghi: Das verdrängte Gedächtnis. Wie das ungelöste Problem der Gewalt im frühen Islam in die Gegenwart hineinwirkt, in: www.ev-akademie-boll.de<http://www.ev-akademie-boll.de (24.01.2017), S. 1–7, hier S. 3.

10 Reinhard Schulze: Das islamische achtzehnte Jahrhundert, Versuch ei-

ner historiographischen Kritik, Welt des Islam (1990), S. 140–159, hier S. 144f.

11 Abdelwahab Meddeb: La maladie de l'Islam, Paris 2002, S. 13ff.

12 Meddeb: 115 Gegenpredigten, S. 323f.

13 Vgl. Immanuel Kant: Die Religion innerhalb der Grenzen der bloßen Vernunft, Hamburg 2003, S. 21ff.

14 Angelika Neuwirth: Der Koran als Text der Spätantike, S. 168; Abdel-Hakim Ourghi: Der Weisheitsterminus (*al-ḥikma*) im Koran. Vom Text zum Kontext, in: Hermann Riedl /Reinhard Wunderlich (Hg.): „Erwerbt euch Weisheit,..." (Sir 51,25). Weisheit im Spiegel theologischer und pädagogischer Wissenschaft. Festschrift für Bernd Feininger, Frankfurt a.M. 2013, S. 139–169, hier S. 139.

15 Ausführlich über das Leben, Werk und Wirken siehe Henri Laoust: Essai sur les doctrines sociales et politiques Taḳī-d-Dīn Aḥmad B. Taimīya, Kairo 1939; Damir-Geilsdorf, Sabine: Herrschaft und Gesellschaft: der islamistische Wegbereiter Sayyid Quṭb und seine Rezeption, Würzburg 2003, S. 88ff.; Olivier Carré: Mystique et politique: Lecture révolutionnaire du Coran par Sayyid Qutb, Frère musulmanradical, Paris 1984, S. 45ff.

16 Ahmad Mansour: Essay: Reinheit, Ehre, Todesverachtung, in: http://www.spiegel.de/spiegel/print/d-129095221.html (20.01.2017).

17 Al-'Afīf al-Aḫḍar: Iṣlāḥ al-Islām, Bagdad 2014, S. 17f.

18 Ebd., S. 19.

19 Zitiert nach Martin Engelbrecht: Diskursräume öffnen. Potentiale und Probleme der Einrichtung islamischen Religionsunterrichts am Beispiel des „Erlangener Modells", S. 25, http://www.bamf.de/SharedDocs/Anlagen/ DE/Publikationen/Expertisen/engelbrecht-erlanger-modell.pdf?__blob=publicationFile (Zugriff am: 18.02.2016).

20 Bundesministerium des Inneren (Hrsg.): Islamismus, Verfassungsschutzbericht, Berlin 2006, S. 215ff.

21 Muḥammad Sameer Murtaza: Die gescheiterte Reformation im Islam. Salafistisches Denken und die Erneuerung des Islam, Freiburg/Basel/Wien 2016, S. 7.

22 Ebd., S. 11 u. 14.

23 Rudolph Peters: Erneuerungsbewegungen im Islam vom 18. bis zum 20. Jahrhundert und die Rolle des Islams in der neueren Geschichte: Antikolonialismus und Nationalismus, in: Werner Ende/Udo Steinbach: Der Islam in der Gegenwart, München [4] 1996, S. 90–128, hier S. 119ff.

24 Rachid Benzine: Islam und Moderne. Die neuen Denker, übers. v. Hadiya Gurtmann, Berlin 2012, S. 31ff.;

25 Murtaza: Die gescheiterte Reformation im Islam, S. 138ff.

26 Ebd., S. 134.

27 Amīn Qāsim: Die Befreiung der Frau, übersetzt v. Oskar Rescher, Würzburg/Altenberg 1992.

28 ʿAlī ʿAbd ar-Rāziq: Der Islam und die Grundlagen der Herrschaft, übersetzt v. Hans-Georg Ebert und Assem Hefny, Frankfurt am Main/ Berlin u. a. 2010.; siehe auch Andreas Meier: Der politische Auftrag des Islam, Wuppertal 1994, S. 111.

29 Reinhart Schulze: Geschichte der islamischen Welt im 20. Jahrhundert, München 1994, S. 198.

30 Murtaza: Die gescheiterte Reformation im Islam, S. 142f.

31 Ausführlich über die Autorität und Anwendbarkeit des Konsens siehe Birgit Krawietz: Hierarchie der Rechtsquellen im tradierten sunnitischen Islam, Berlin 2002, S. 183ff.

32 Mohamed Arkoun: Lectures du Coran, Tunis ²1991, S. IVf.

33 Ein weiterer Fall siehe http://www.faz.net/aktuell/feuilleton/ditib-koordinator-murat-kayman-diffamiert-kritiker-14389211.html (07.08.2018)

34 Immanuel Kant, Beantwortung der Frage: Was ist Aufklärung? in: Berlinische Monatsschrift, Dezember 1784, S. 481-494.

35 Ali Merad: Le réformisme musulman en Algérie de 1925 à 1940, Paris/ La Haye 1967, S. 29f.

36 Wensinck, A. J. u. a.: Concordance et indices de la tradition musulmane, 8 Bde., hier Bd. I, Leiden 1936–1988, Registerband 1988, S. 324; Bd. I, S. 324.

37 Samīḥ Duġaim u.a: Mawsūʿat al-muṣṭalaḥāt al-fikr al-ʿarabī wa-l-islāmī l-ḥadīṯ wa-l-muʿāṣir, Bd. 2, Beirut 2002, S. 98 u. 101.

38 Muḥammad ʿAbduh: Risālat at-tawḥīd, hrsg. v. Rašīd Riḍā, 1956, S. 178f.

39 Malcolm H. Kerr: Islamic reform. The political and legal theories of Muḥammad ʿAbduh and Rašīd Riḍā, Berkeley/Los Angeles 1966, S. 108.

40 Yadh Ben Achour: Aux fondements de l'orthodoxie sunnite, Paris 2008, S. 18ff.

41 Geert Hendrich: Islam und Aufklärung. Der Modernediskurs in der arabischen Philosophie, Darmstadt 2004, S. 9.

42 Abdel-Hakim Ourghi: Die Reformbewegung in der neuzeitlichen Ibāḍīya. Leben, Werk und Wirken von Muḥammad b. Yūsuf Aṭfaiyaš 1236–1332 h. q. (1821–1914), Würzburg 2008, S. 197f.

43 Abdel-Hakim Ourghi: Der Islamische Religionsunterricht im interreligiösen Kontext. Das Ich im Anderen, in: IRP-IMPULSE Herbst (2012), S. 24–27, hier S. 24.

44 Johann Christoph Bürgel: Allmacht und Mächtigkeit. Religion und Welt im Islam, München 1991, S.357f.

45 Yūsuf Darra al-Ḥaddād: Qur'ān wa-l-kitāb, Bd. II/2, Beirut ²1986, S. 712ff.

46 Zirker: Der Koran. Zugänge und Lesarten, S. 53ff.

47 ʿAlī Ibn Aḥmad al-Wāḥidī: Asbāb nuzūl al-qurʾān, hrsg. v. Aḥmad Ṣaqr,

o. O. [1960], S. 300ff. u. 405; Tilman Nagel: Mohammed. Zwanzig Kapitel über den Propheten der Muslime, München 2010, S. 148ff.

48 Josef Horowitz: Koranische Untersuchungen, Berlin-Leipzig 1929, S. 31.

49 Maḥmūd Ibn ʻUmar az-Zamaḫšarī: al-Kaššāf, hrsg. v. Ubai ʻAbdallā ad-Dānī, Bd. 2, Beirut 2008, S. 161.

50 Faḫr ad-Dīn ar-Rāzī: Mafātīḥ al-ġaib, hrsg. v. Sayyid ʻImrān, Bd. 14, Kairo 2012, S. 146.

51 Hans-Thomas Tillschmeider: Die Entstehung der juristischen Hermeneutik (*uṣūl al-fiqh*) im frühen Islam, Würzburg 2006, S. 4ff. u. 13ff.

52 Badr ad-Dīn Muḥammad az-Zarkašī: al-Burhān fī ʻulūm al-qurʾān, hrsg. v. Muṣṭafā ʻAbd al-Qādir ʻAṭā, Bd. 1, Beirut 1408 h. q. (1988), S. 240f.

53 Al-Ḥaddād: Qur'ān wa-l-kitāb, Bd. II/2, S. 750ff. Nöldeke: Die Geschichte des Qurāns, S. 144.

54 Abū Ǧaʻfar Muḥammad aṭ-Ṭabarī: Ǧāmiʻ al-Bayān, hrsg. v. Muḥammad Šākit, Bd. 11, Amman 2002, S. 416f.

55 Al-Ḥaddād: Qur'ān wa-l-kitāb, Bd. II/2, S. 713.

56 Ar-Rāzī: Mafātīḥ al-ġaib, Bd. 14, S. 146

57 Aṭ-Ṭabarī: Ǧāmiʻ al-Bayān, Bd. 10, S. 21f.

58 Ar-Rāzī: Mafātīḥ al-ġaib, Bd. 11, S. 430.

59 Aṭ-Ṭabarī: Ǧāmiʻ al-Bayān, Bd. 12, S. 171f.

60 Muḥammad Ibn Aḥmad al-Anṣārī al-Qurṭubī: Ǧāmiʻ li-aḥkām al-qur'ān, hrsg. v. Ḥāmid Aḥmad aṭ-Ṭāhir, Bd. 15/16, Kairo 2010, S. 10ff.

61 Aṭ-Ṭabarī: Ǧāmiʻ al-Bayān, Bd. 12, S. 110f.; ar-Rāzī: Mafātīḥ al-ġaib, Bd. 13, S. 162f.

62 Aṭ-Ṭabarī: Ǧāmiʻ al-Bayān, Bd. 8, S. 130f.

63 Siehe auch Koran 35:24 zu dieser dritten Periode des mekkanischen Koran. Auch im Koran 13:7 ist die Rede davon, dass Muḥammad nur ein Warner ist und jeder Gemeinschaft das Recht weist.

64 Al-Ḥaddād: al-Qur'ān wa-l-kitāb, Bd. II/2, S. 714ff.

65 Aṭ-Ṭabarī: Ǧāmiʻ al-Bayān, Bd. 8, S. 197f.

66 Bd. 3, S. 205.

67 Az-Zamaḫšarī: al-Kaššāf, Bd. 1, S. 333.

68 Aṭ-Ṭabarī: Ǧāmiʻ al-Bayān, Bd. 4, S. 124f.

69 Ebd.: Bd. 7, S. 99ff.

70 Al-Qurṭubī: Ǧāmiʻ li-aḥkām al-qur'ān, Bd. 7/8, S. 209.

71 Al-Wāḥidī: Asbāb nuzūl al-qur'ān, S. 182f.; ar-Rāzī: Mafātīḥ al-ġaib, Bd. 6, S. 126f.

72 Az-Zamaḫšarī: al-Kaššāf, Bd. 1, S. 465.

73 Zirker: Der Koran. Zugänge und Lesarten, S. 53.

74 Aus dem Koran geht nicht hervor, um welche Stämme es sich handelt. Es

sind entweder die zwölf Kinder Jakobs oder die zwölf Stämme Israels, aus deren Reihen die Propheten entstanden sind. Über die Stämme im Koran siehe auch Koran 2:140, 3:84, 4: 163 und 7:160. Zu den Stämmen Israels in der Bibel siehe Gen 49,1–27, Dtn 33,6.25, Jos 15,1–63, 18,1–19,52, 1 Chr 2,3–7,40. (Die Stämme der Ismaeliter: Gen 25,12–18).

75 Al-Buḫārī I, 20.

76 Rudi Paret: Mohammed und der Koran. Geschichte und Verkündung des arabischen Propheten, Stuttgart u. a. [3]1957, S. 50f.

77 Adonis: Gewalt und Islam. Ein Gespräch mit Houria Abdelouaheb, Bremen 2016, S. 48.

78 Koran 2:272, 3:128, 4:63,6:52, 7:188, 9:43, 9:67, 9:80, 9:113, 10:109, 16:126 und 33:1.

79 Koran 66:1–3, 33:28–29, 33:37, 33:50 und 33–52.

80 Koran 2:44, 3:118, 12:2, 6:65, 7:176, 16:69, 17:36 und 43:3.

81 Abun-Nasr, Jamil M.: Islam und die algerische Nationalidentität, in: WI 18 (1977–1978), S. 178–194, hier S. 191.

82 Naṣr Ḥāmid Abū Zaid: naqd al-fikr ad-dīnī, Kairo [2]1994, S. 81f.

83 Az-Zamaḫšarī: al-Kaššāf, Bd. 1, S. 490.

84 Bürgel: Allmacht und Mächtigkeit, S. 355.

85 Muḥammad aš-Šarfī: al-Islām wa l-ḥuriyya. Sūʾ at-tafāhum at-tārīḫī, Damaskus 2008, S. 105.

86 Ṣāliḥ al-Wardānī: Madāfiʿ al-fuqahāʾ, Kairo 1998, S. 59f.

87 Ǧūrǧ Ṭarābīšī: Min islām al-qurʾān ilā islām al-ḥadīṯ, Beirut, London 2010, S. 295.

88 Donald P. Little: Did Ibn Taymiyy a Have a Screw Loose?, in: Studia Islamica 41 (1975), pp. 93–111, hier S. 94ff.

89 Fethi Benslama: Der Übermuslim. Was junge Menschen zur Radikalisierung treibt, Berlin 2017, S. 59ff.

90 Saʿīd Nāšīd: Qalaq fī l-ʿaqīda, Beirut 2011, S. 5.

91 Muḥammad Šaḥrūr: al-Islam wa l-imān. Manẓūmat al-qiyam, Damaskus 1996, S. 60.

92 Muḥammad aṣ-Ṣalābī, ʿAlī Muḥammad, al-Ḥuriyya min al-Islām, Beirut 2013, S. 19.

93 Mohamed Tahar Ben Achour: Uṣūl an-niẓām al-iǧtimāʿī fī l-islām, Tunis 1985, S. 160.

94 Ebd., S. 169.

95 Šaḥrūr: al-Islam wa l-imān, S. 155.

96 Muḥammad Šaḥrūr: Taǧfīf manabiʿ al-irhāb, Beirut 2008, S. 240 f.

97 Muḥammad Munīr: Qatl al-murtadd, Damaskus [2]1993, S. 93f.

98 ʿAli ʿAbd ar-Rāziq: al-Islām wa uṣūl al-ḥukm, hrsg. v. Muḥammad ʿAmmāra, Kairo 2002, S. 177ff.

99 Nagel: Mohammed. Zwanzig Kapitel, S. 12f.

100 Josef van Ess: Der Eine und das Andere. Beobachtungen an islamischen häresiographischen Texten, Bd. 1, Berlin/New York 2010, S. 7ff.

101 Josef van Ess (Hrsg.): Frühe mu'tazilitische Häresiographie: Zwei Werke des Nāšiʾ al-Akbar (gest. 293 H.), Beirut 1971, S. 25.

102 Aš-Šahrastānī: al-Milal wa-niḥal, hrsg. v. 'Amīr 'Alī Muhannà u. 'Alī Ḥasan Fā'ūd, Bd. 1, Beirut [2] 1992, S. 19.f

103 Dieser Satz wird gern im Alltag von den Arabern zitiert. Farağ Fūda: Zawāğ al-mut'a, taqdīm von Aḥmad Ṣubḥī Manṣūr, Kairo 1993, S. 8.

104 Mustansir Mir: Dialogue in the Qur'ān, in: Religion and Literature 24 (1992), S. 1–22, hier S. 5ff.

105 Christoph Gellner: Der Glaube der Anderen. Christsein inmitten der Weltreligionen, Düsseldorf 2008, S. 10.

106 Stephan Leimgruber: Interreligiöses Lernen (Neuausgabe), München 2007, S. 101ff.

107 Pinchas Lapide: Das jüdische Verständnis vom Christentum und Islam, in: Martin Stöhr (Hrsg.): Abrahams Kinder. Juden – Christen – Moslems, Frankfurt a. M. 1983, S. 1–28, hier S. 26.

108 Johannes Lähnemann: Evangelische Religionspädagogik in interreligiöser Perspektive, Göttingen 1998, S. 61.

109 Martin Buber: Das Dialogische Prinzip, Gütersloh [11]2009, S. 8ff.

110 Jürgen Habermas: Zwischen Naturalismus und Religion. Philosophische Aufsätze, Frankfurt a. M. 2005, S. 13 u. 263f.

111 Paul Ricoeur: Wege der Anerkennung. Erkennen, Wiedererkennen, Anerkanntsein, Frankfurt a. M. 2006, S. 45f.

112 Die neutestamentliche Predigt von Paulus in Athen aus der Apostelgeschichte ist mit diesem Koranvers vergleichbar. „Er [Gott] hat aus einem einzigen Menschen das ganze Menschengeschlecht erschaffen, damit es die ganze Erde bewohne. Er hat für sie bestimmte Zeiten und die Grenzen ihrer Wohnsitze festgesetzt. Sie sollen Gott suchen, ob sie ihn ertasten und finden könnten, denn keinem von uns ist er fern. Denn in ihm leben wir, bewegen wir uns und sind wir, wie auch einige von euren Dichtern gesagt haben: Wir sind von seiner Art." (Apg 17, 26–28)

113 Koran 7:46, 17:45, 19:17, 33:53, 38:32, 41:5, 42:51 und 83:15

114 Rotraud Wielandt: Die Vorschrift des Kopftuchtragens für die muslimische Frau: Grundlagen und aktueller innerislamischer Diskussionsstand, in: http://www.deutsche-islam-konferenz.de/SharedDocs/Anlagen/DIK/DE/Downloads/Sonstiges/Wielandt_Kopftuch.pdf?__blob=publicationFile (20.07.2017)

115 Muḥammad Šaḥrūr: Naḥwa uṣūl ğadīda li-l-fiqh al-islāmī. Fiqh al-marʾa, Damaskus 2000, S. 364ff.

116 Ibn Rušd: Bidāyat al-muğtahid wa nihāyat al-muqtaṣid, hrsg. v. Mağdī Fatḥī as- Sayyid, Bd. 1, Kairo [2]2014, S. 192f.

117 Ibn ʻArabī: al-Futuḥāt al-makiyya, hrsg. v. Maḥmūd Maṭarğī, Bd. 2, Beirut 2010, S. 130f.

118 Patricia Crone and Fritz Zimmermann: The Epistle of Sālim Ibn Dhakwān, Oxford 2001, S. 325ff.

119 K.-H.Pampus: Über die Rolle der Ḫāriğīya im frühen Islam, Wiesbaden 1980, S. 69ff.

120 J. Wellhausen: Das arabische Reich und sein Sturz, Berlin 1902, S. 40.

121 Adonis: Gewalt und Islam, S. 60f.